民生委員のための
障害者支援
ハンドブック

小林 雅彦＝著

中央法規

# はじめに

## 【本書の目的】

　この度、民生委員シリーズの第5弾として「民生委員のための障害者支援ハンドブック」を発刊することとなりました。

　私はこれまでに民生委員シリーズを4冊著していることもあり、全国の民生委員・児童委員の研修会にお呼びいただくことが度々あります。そこで事例発表を聞いたり、懇談するなかであることを感じていました。それは、多くの民生委員が障害者の支援に関して苦手意識をもっていたり、高齢者や児童に対する支援に比べて戸惑いを感じているのではないかということです。

　このようなとき、ある民生委員研修会の事例発表で、「私たちは、高齢者や児童に比べて障害者に対する支援が弱いのではないか。もう少し勉強して、できることはやったほうがいいと思う」という発言を聞きました。

　この発言を聞き、あらためて民生委員の皆さんが障害者支援を理解するための勉強のお手伝いをしたいという思いを強め、本書を企画しました。

## 【本書の内容】

　本書は障害者支援に必要な基礎的事項をまとめました。その内容は「民生委員であれば、障害者福祉に関してこの程度のことは知っておいてほしい」と思うことです。

　民生委員は専門職ではありませんし、障害の判定やサービス利用の可否などを決める立場でもありません。あくまでも、民生委員としてできることをできる範囲ですれば良いわけです。

ただし、間違った知識や勝手な思いこみで支援にかかわっていいわけではありません。例えば、うつ病の人を安易に励ませば、その人を追いつめてしまうかもしれません。発達障害の子どもを前にして、「親のしつけに問題がある」と言うことも間違いです。

　民生委員は、役割として障害者の見守りや支援をする可能性があるわけですから、さまざまな障害の特性や生活上の困難等を知るとともに、支援する際に大切にすべきことやコミュニケーションの基本、活用可能な相談機関等のことを知っておく必要があります。それらをコンパクトにまとめたのが本書です。

## 【本書の構成】

　本書は、全4章で構成されています。

　第1章は、障害者支援の基本理念と民生委員に期待される役割について学びます。一人の市民として必要な知識と民生委員として必要な知識、さらに民生委員協議会での取組みなどについてまとめました。

　第2章は、障害者を支援する制度と支援策の概要について学びます。障害者支援にかかわる制度には、障害の種別（種類）にかかわらず共通する事項を定める制度と、障害の種別ごとに定められている制度がありますが、第2章ではその両方を取り上げました。

　第3章は、障害の種別ごとに障害の特性と支援の基本を学びます。知的障害、身体障害、精神障害を取り上げていますが、なかでも精神障害の解説に多くのページをさきました。

　第4章は、災害時の支援と民生委員の役割について学びます。障害者に対する支援はさまざまな場面で必要とされますが、特に災害時にはその必要性が格段に高まります。日頃の活動を含め、災害時の支援に役立つ知識をまとめました。

これまでの4冊の民生委員シリーズと同様、本書が多くの民生委員の皆さんにお読みいただき、活動の参考になれば幸いです。

　2019年3月

小林雅彦

# 目 次

## 第 1 章 障害者支援の基本理念と民生委員

1. 障害者支援の基本 …………………………………………………………… 2
2. 支援者に必要とされる基本姿勢と留意点 ………………………………… 6
3. 民生委員が障害者支援にかかわる際の留意点 …………………………… 10
4. 地域住民の一人として民生委員ができる障害者支援 …………………… 13
5. 民生委員の職務として取り組む障害者支援 ……………………………… 16
6. 民生委員協議会として取り組む障害者支援 ……………………………… 19

## 第 2 章 障害者を支援する制度と支援策の概要

7. 障害者福祉制度の基盤となる理念
   〜ノーマライゼーションとその拡がり〜 ………………………………… 24
8. 障害者支援にかかわる法①共通する事項を定める法 …………………… 27
9. 障害者支援にかかわる法②障害の種別ごとに定められる法 …………… 30
10. 学校教育と学習支援 ………………………………………………………… 33
11. 障害者差別の解消 …………………………………………………………… 38
12. 就労の支援 …………………………………………………………………… 43
13. バリアフリーの推進 ………………………………………………………… 48
14. 虐待の防止 …………………………………………………………………… 53
15. 判断能力が低下した人の財産や権利を守る成年後見制度 ……………… 59
16. 日常の金銭管理が不安な人を支援する日常生活自立支援事業 ………… 65

# 第3章 障害のある人の特性と支援の基本を知る

- 17 知的障害のある人に対する支援 …………………………………… 71
- 18 身体障害のある人に対する支援 …………………………………… 79
- 19 精神障害の理解と統合失調症の人に対する支援 ………………… 89
- 20 うつ病の人に対する支援 …………………………………………… 97
- 21 発達障害のある人に対する支援 …………………………………… 103
- 22 アルコール依存症の人に対する支援 ……………………………… 111
- 23 さまざまな依存症状のある人に対する支援 ……………………… 119

# 第4章 災害にかかわる障害者支援と民生委員の役割

- 24 災害対応における市町村の責任と民生委員の役割 ……………… 130
- 25 支援が必要な障害者の把握と民生委員の役割 …………………… 134
- 26 避難行動にかかわって生じる困難 ………………………………… 138
- 27 避難所等で障害者が直面する困難と必要な支援 ………………… 142
- 28 適切な避難支援計画づくりに必要なさまざまな状況の想定 …… 147
- 29 障害者等の避難生活に役立つ福祉避難所とは …………………… 151
- 30 災害にかかわる障害者支援と民生委員としての取組み ………… 155

第 **1** 章

# 障害者支援の基本理念と民生委員

1 障害者支援の基本
2 支援者に必要とされる基本姿勢と留意点
3 民生委員が障害者支援にかかわる際の留意点
4 地域住民の一人として
  民生委員ができる障害者支援
5 民生委員の職務として取り組む障害者支援
6 民生委員協議会として取り組む障害者支援

# 1 障害者支援の基本

これまで障害者と個人的に話したことがありません。特別に身構えることなく、普通に接すればいいとは思うのですが、あらためて大切にすべきことなどがあれば教えてください。

障害の有無にかかわらず、人は誰もが一人の人としての尊厳をもっています。そして、かけがえのない存在として尊重される権利があります。しかし、現実には障害者が尊厳を否定されたり、本来誰もがもっているはずの基本的な人権を脅かされる事例が後を絶ちません。民生委員として障害者支援を行ううえで大切なことは、すべての障害者の人としての尊厳を守るという意識をもち、そのうえでそれを具体化するために必要な知識をもち行動するということです(下図参照)。

| 民生委員として必要な知識・行動 |
| :---: |
| 一人の人として障害者の尊厳を守る意識や姿勢 |

ポイントで示した考え方を基本としたうえで、障害者と接するときや支援をするときに大切な考え方を紹介します。

### 人は一人ひとり異なり、それぞれが尊厳をもつ尊い存在である

当たり前のことですが、障害があってもなくても皆同じ人間です。そして人間は一人ひとりが独立した存在であり、皆違いがあります。違いはありますが優劣はありません。一人ひとりが大切であり、他の人と比べることに何の意味もありません。まず、そのことを前提に障

害者に接することが大切です。

　また、障害者に接する場合、往々にして「〇〇障害者」として括ってとらえてしまうことがあります。確かに、「〇〇障害者に共通する問題や解決すべき課題」はありますし、それを整理することは障害者施策を考えたりする場合には必要です。しかし、ある人を最初から「〇〇障害者」ととらえると、障害者としての共通性のほうに関心がいってしまい、その人が独自にもっている希望や願い、能力や得意なこと、そして抱えている固有の問題やその背景となる生活環境等の違いを見失う危険性があります。

　この見方はそもそも障害の有無にかかわりませんし、誰に接するときも同じですが、人はそれぞれ違い、すべての人一人ひとりが尊い存在であり、それぞれ願いや希望をもっているということを絶えず忘れないようにしておくことが大切です。

### 介助者ではなく本人に話や希望を聞く

　車いすを使っている友人から聞いた話です。駅などの公共交通機関を介助者と一緒に利用すると、自分（障害者）ではなく、介助者に「どこまで行きますか」と聞いてくることがあるそうです。また、レストランに入って、自分（障害者）に注文を聞かないで、介助者に「こちらの人は？」というような聞き方をされたこともあるそうです。非常に言語障害が重い場合などはそのような聞き方をすることも考えられますが、原則はまず本人に聞くことです。これは身体障害者に限ったことではなく、知的障害者や精神障害者であっても原則は同じです。

### 「何でも手伝い、してあげること」が良いわけではない

　これも車いすを使っている友人から聞いた話です。喫茶店に入ってオレンジジュースを注文したとき、ストローがなかったので、ストローを頼んだところ、お店の人がストローを持ってきてくれました。それ

だけでなく、その店員さんは手早くストローの袋を破って出し、無言でコップにストローを差して立ち去っていったとのことでした。たぶん、店員さんは障害者の自分に配慮をしたのだろうということです。しかし、その友人は「残念だった」と言っていました。友人は多少ぎこちないものの指はある程度動き、時間はかかりますが、自分でストローの袋を破り、コップに差すことはできます。そのときもそうするつもりだったそうです。他人（店員）が触ったストローに口をつけるのはあまりいい気分ではなかったと言っていました。

例外はあるものの、「頼まれた範囲のことをすること」が支援の原則です。先回りしたり、必要以上のことをする必要はありません。また、頼まれたことが自分にできそうになければ無理に引き受ける必要もありません。介助の方法を知らずに安易に介助を引き受けると、むしろ相手を危険な状態にしてしまうこともあります。

「何でもしてあげることと尊厳を守ることとは違う」ということを知っておいてください。

### 🌿 その人（障害者）の気持ちを理解するように努力する

相手が障害者に限ったことではありませんが、支援にあたっては相手に寄り添うことが必要であり、そのためには、その人の気持ちを理解するように努力する姿勢が必要です。

もし、民生委員自身が子育てで悩んだ経験があれば、親の不安な気持ちを理解しやすいでしょうし、リストラで途方に暮れた経験があれば、同様のことで悩んでいる人の気持ちは理解しやすいでしょう。念のために言えば、経験だけで理解したつもりになっては困りますが、とはいえ、同じ経験が理解の際の手がかりになることは確かです。

しかし、障害者の気持ちを経験的に理解することは困難です。前述したように、一人の人としての気持ちは障害者も健常者も全く変わり

ませんが、一方で、障害を原因とする固有の問題や日々直面する困難などは、障害をもたない人が実感をもって経験し、理解することはできません。また、精神障害者のように病気が原因で特有の心理状態にある人の気持ちは実体験として理解することも不可能です。

そこで、民生委員としては、障害者の気持ちをできるだけ理解するように努力することが求められます。日頃から、本を読んだり専門家の話を聞くこともよいでしょうし、障害者やその家族から直接話を聞いたり、支援の具体的な事例をそのとき障害者がどのような気持ちだったかを考えながら読むことも、理解を深めるうえで参考になります。

# 2 支援者に必要とされる基本姿勢と留意点

民生委員に限らないと思いますが、障害者を実際に支援する場合に、どのようなことを大切にしたり意識しておく必要がありますか。基本的なことを教えてください。

 障害者を支援する場合、本人の意思を尊重することやそのために本人が自ら決めることができるように支援すること等が特に大切です。また、支援にあたっては、課題が多様にあり、かつそれが変化していくことも意識しておく必要があります。

### 本人の意思や希望を基準にして支援する

　支援の原則は、本人が何を望んでいるか、どうしたいと思っているかということを理解し、その実現を支援することです。

　精神障害者が地域で暮らすことを例に考えてみます。地域で精神障害者に関する情報が民生委員に入ってくるのは、障害者本人や家族からよりも、「あそこに住んでいる人（精神障害者）が困った行動をしている。何とかならないか」といった近所からの声が多いようです。そして、近所の人が「不安だから病院や施設に入ってもらえばいい」というような主張をすることがあります。確かに近隣の人の不安はそれで解消するかもしれませんが、そもそもどこに住むかは憲法に保障された国民の基本的権利であり、本人が決めることです。

このような場合、本人がそこに住み続けたいといえば、それを前提にして、本人が、近所から問題（周囲がそのように言っているという意味で使っています）とされている行動をする理由や背景を考えて、その原因を取り除いたり、近隣に事情を説明して一定の理解を求める等の対応をする必要があります。もちろん、これは民生委員だけで取り組むということではなく、関係機関が連携して行うということです。

　障害者、特に知的障害者や精神障害者などを支援する場合、本人と周囲の意見が異なるとき、ついつい周囲の人の大きな声に引きずられそうになりますが、あくまでも支援の基本は本人の意思を尊重することです。

### 本人が選択や決定をできるように支援する

　障害の有無にかかわらず、例えば、「AとBのどちらの福祉サービスを利用したいですか？」と聞かれたとき、明快に答えられる人は少ないでしょう。福祉サービスは誰にとってもなじみが薄いことから、理解しにくくて当然ですし、そこに障害が加われば、このような質問をされたときの回答はさらに困難になります。

　その場合には、支援者（民生委員もその一人です）が「知的障害者だから回答できない、わからない」と考えるのは誤りです。可能な限り本人が選び決定できるように、丁寧かつ具体的に説明をし、本人が決められるように支援することが大切です。

　そのために、例えば、あるサービスを文章だけでなく写真やイラストを使って説明したり、見学や体験が可能ならそのような機会を作る等、本人の理解を助けるためのさまざまな工夫が行われています。これらのことは、基本的に専門の相談機関等が行うことですが、民生委員の基本姿勢としても同様のことが求められます。

## 🌿 対応すべき課題は広範囲にわたることが多い

　例えば、高齢者福祉や児童福祉は、主に介護や保育といった特定の分野における課題への対応が中心になりますが、障害者福祉の場合は、対応すべき課題があらゆる分野に拡がっています。

　その障害者の年齢や障害の種類、いつ障害の原因が生じたかなどによって課題の内容は異なりますが、日常生活支援、養育、医療、教育、労働、住居、所得、差別解消、消費者被害からの保護、法手続きにおける配慮等、対応すべきさまざまな課題があります。

　つまり、その人の生活全体を視野に入れて課題を考える必要があるということです。

## 🌿 課題や悩みは変化していく

　障害者はさまざまな課題や悩みを抱えますが、それらは固定的なものではなく、成長、時間の経過とともに変化します。

　例えば、出生時の障害の場合、最初は育児や保育が課題になり、学齢期になれば、地元の学校に行くのか、特別支援学校に行くのか、学校になじめるか、いじめに遭うのではないか、といった課題や心配があります。義務教育を終えたら、高校に行くのか就職をするのか、どちらを選んだとしてもそれぞれ固有の課題があります。成人すれば性や結婚の問題があり、さらに親が高齢になってくれば、親が死んだ後のことは大丈夫か、というように、人生のキャリアとともに常に課題は変化します。

　中途での障害であっても、その時点から多くの困難が生じ、その内容は変化していきます。

　障害者の支援にあたっては、今その障害者が人生のどのステージにいるのかということに関心をもつとともに、課題は常に変化することを意識しておく必要があります。

## 自分からサービス利用を求めない人がいることを意識する

　周囲から見れば、「手続きをすれば公的サービスが利用できるのではないか」と思われる人がサービスを利用していない例が少なからず見受けられます。

　その理由には次の3つが考えられます。

　第一に、そもそも本人や家族が障害があることに気づいていない場合です。近年話題になる発達障害はその典型です。かつては、わがままな性格、身勝手な性格等、障害ではなく性格の偏りとして片づけられていましたが、研究が進み、発達障害という概念が整理され、徐々に支援方法の蓄積も進んでいます。また、知的障害児も軽度の場合は、ただ勉強ができない子どもとされている場合もあります。

　第二に、障害者に対する偏見が根強くあるなかで、障害があることは認識していても、障害者福祉サービスを利用することによって障害者であると認知されることに対する抵抗感です。

　第三に、障害のある本人や家族、周囲の人が公的サービスを理解しておらず、利用を全く検討していないような場合です。

　これらのことを考えると、民生委員としてサービスの利用を強制する必要はありませんが、サービスを利用することで問題が改善したり安心感を得られる場合があることを具体的に話すことで、サービス利用の検討を勧めることも大切な役割です。また、家族に対して、「本人が日々気持ちを楽にして過ごせる方法を一緒に考えませんか？」という姿勢で、一緒に考えながら、そのなかでサービス利用を勧めてみるのも一つの方法でしょう。なお、極めて不適切な環境で暮らしていたり、家族に支援する意識がない場合など、社会的支援が緊急に必要だと思われる場合には、本人や家族の意向にかかわらず、すぐに専門機関に連絡してください。

# 3 民生委員が障害者支援にかかわる際の留意点

民生委員として障害者の支援にかかわる場合、どのようなことを意識したり留意する必要があるでしょうか。

 民生委員は、他の機関と十分連携をするとともに、専門職ではないことを自覚しながら可能な範囲で支援にあたることが大切です。

 **関係機関と連携して支援する**

民生委員の役割の一つは、地域住民の生活問題に気づいたり、相談を受けた場合に専門機関に橋渡しすることです。その場合、そこで民生委員の関わりが終わる場合もありますが、状況によっては継続して民生委員が支援のネットワークの一員に加わることもあります。

専門機関から障害者の見守りを頼まれた場合には、あらかじめ訪問するときの留意点などのアドバイスを受けておくことが大切です。いつも本人の言葉をそのまま鵜呑みにして対応していると、場合によっては、民生委員が振り回され、混乱してしまう可能性があります。また例えば、うつ病の人に安易に励ましの言葉をかけ、その人を心理的に追いつめてしまう危険性もあります。なお、状況によっては、複数で訪問したほうがよい場合もあります。

多くの民生委員にとって、高齢や児童分野に比べると障害福祉分野は知らないことが多くあると思います。個別的な関わりをする場合は、

なるべく早い段階から専門機関と十分連携をし、アドバイスを受けながら対応することが大切です。

### 🌿 権限をもっていないことを自覚してかかわる

民生委員は専門職ではなく権限ももっていません。仮に、障害者支援制度の詳細を知っていたとしても、中途半端な知識や勝手な理解で「○○サービスが使えるはず」「○○手当がもらえるはず」といったことを言ってしまうと後々問題になりかねません。

例えば、身体障害者の場合、障害の種類・程度に応じて等級があり、それに応じて利用できるサービスの種類や上限などが決まりますが、この判定は身体障害者更生相談所が行います。もし利用できそうなサービスのことを聞かれた場合には、「こういうサービスがあるが、使えるかどうかは身体障害者更生相談所に相談しないとわからない」と答えるべきでしょう。安心させてあげたい、何とか支援してあげたいという気持ちがあったとしても、「大丈夫、使えるはずです」というような言い方は後々トラブルのもとになります。

### 🌿 できないことは断り、抱え込んだりやり過ぎたりしない

障害者支援に限りませんが、民生委員はできないことや過剰なことを頼まれたらはっきり断る姿勢が大切です。また例えば、食事づくりや買い物代行などはやろうと思えばできないことではありませんが、そのような支援を日頃から必要としているのであれば、それは公的サービスや民間の有料サービスを利用すべきであり、それらを民生委員が肩代わりする必要はありません。

そのような支援を求められ、対応に困る場合には、自分だけで判断せず、民生委員児童委員協議会（以下、「民児協」）の会長や市町村の担当者などに相談して対応したほうがよいでしょう。

## 🌱 できる範囲で柔軟に対応する

　民生委員が行う支援は専門機関と異なり、仕事ではないからこそ柔軟に対応できるという特徴があります。例えば、相談をしたい場合、専門機関は原則として対象とする障害の種類や範囲が決まっており、相談を受ける時間帯や実施する場所が決まっています。一方、民生委員にそのような限定はありません。

　もちろん年中無休で相談の対応や支援をする必要はありませんが、例えば、障害者や家族から市役所につながらないので、とりあえず民生委員に連絡が来る、ということもあります。そのときは、民児協の会長や専門機関とも連絡を取りながら、可能な範囲で柔軟な対応をすることが期待されます。

　特に、精神的な障害がある場合、状況によっては必ず何らかの支援機関につながないと危険な場合もあります。このようなときのために、日頃から民児協で対応方法を話し合っておくとともに、行政や専門相談機関等とも連携して、緊急連絡先を把握しておくとよいでしょう。

## 🌱 橋渡しや紹介をした段階で、いったん区切りと考える

　近所で精神的な病気が疑われる人がいて、民生委員がその人を病院や専門機関につないだ場合、その後、「その人はどんな病気だったんだろう」「どこに入院しているんだろう」と気になると思います。しかし、病院等には厳格な守秘義務があるので、これらの機関から民生委員に対して病名や状況を知らせてくることはありません。民生委員としては、病院等の専門機関につないだ段階で民生委員としての役割はいったん区切りがついたと考えておくほうがよいでしょう。なお、その後、通院の際に病院が本人の了解を取って民生委員に見守りを依頼してくるような場合は、必要な範囲で情報の提供があると思われます。

# 4 地域住民の一人として民生委員ができる障害者支援

私は民生委員ですが、一方で地域住民の一人でもあります。まずは一人の住民として障害者福祉にかかわって何かできることがあれば実践したいと思います。どのようなことがあるでしょうか。

民生委員も地域住民の一人であり、例えば、車椅子マークのある駐車スペースに駐車しないというような障害者に配慮した行動をしたり、困っている障害者を見かけたら積極的に声をかけ必要なことを手伝うというようなことは、地域住民であれば誰でも取組み可能なことです。
民生委員に限りませんが、このような行動を日頃から誰かが率先して行っていれば、それが周囲の人々の関心を高めたり、自分も少し勇気を出して声をかけようという人を増やすことにつながる可能性があります。民生委員にはそのような行動に率先して取り組むことが期待されます。

一人の地域住民としての民生委員に期待される役割には、次のような2つの役割があります。

### 障害者に不便や危険を強いるような行動をしたり、排除するような態度を取らない

例えば、車椅子マークのある駐車スペースに駐車しない、白い杖を持った人が前から来たらぶつからないようにする、点字ブロックの上に自転車や荷物を置かない等により、障害者に不便や危険を強いる行

動は避けなければなりません。当然のマナーですが、日頃から意識していないと、結果として不便や危険を強いる行動をしているかもしれません。特に、最近増えている人混みのなかでスマートフォンの画面をじっと見ながら歩いている人は、前から車いすや杖を使っている人が来ても気づかず大変危険です。

また、例えば、駅の自動券売機で手が不自由な人が自分で切符を買おうとしている場合や、お店の会計で財布からお金を出すのに手間取っている場合等にせかすような態度を取らないことや、足の不自由な人が歩いているところで邪魔者扱いするような態度を取らないといったことも、当たり前ですが、大切なことです。

障害者の行動を邪魔したり排除するような言動が地域社会から消えていくことは、誰もが暮らしやすい地域づくりの第一歩になります。

そのため、民生委員には率先してそのような意識に基づいた態度を取り、行動をすることが求められます。

### 積極的に障害者に声をかけ手伝いをする

前述のことに加え、民生委員が積極的に障害者の尊厳を守る姿勢を日常生活の行動のなかで示すことは、周囲の人々の気づきや意識の変革につながることが期待できます。

皆さんは、次のような場面を見たことはないでしょうか？

- 車いす使用者が商品棚の高い所の商品を取れなくて困っている
- 車いす使用者が歩道に上がる段差の所で上がれずに困っている
- 手に障害がある人が駅の自動券売機で切符を買うのに困っている
- 視覚障害者が交差点や横断歩道で立ち往生している　　　等

以上は一例に過ぎませんが、障害者が困っている場面に遭遇したとき、民生委員から積極的に声をかけてください。このような場面は日

常的にあるはずですが、ある程度、日頃から意識をしていないと見過ごしてしまいます。経験がないと声をかけるときには勇気が必要かもしれませんが、慣れれば決して難しいことはありません。あくまでもその人に必要な支援を聴いたうえで、できる範囲のことをすればよいということです。

# 民生委員の職務として取り組む障害者支援

障害者の支援に関して、民生委員の職務としてどのような役割が期待されているのでしょうか。

 民生委員には、見守りをし、必要に応じて専門機関につなぐことや、家族の思いを受け止め共感すること、また、障害者への理解を拡大し、近隣とのつながりを強める役割などが期待されています。

 民生委員の職務として次のような役割の発揮が期待されています。

### 障害者を見守り、必要なときは専門機関につなぐ役割

　地域で暮らす障害者の状況を可能な限り把握し、日頃から関係を構築しておき、何らかの変化に気づいたときに専門機関に連絡する役割です。もし、民生委員が関係を構築することが難しい場合は、その障害者の周囲の人と信頼関係を醸成し、異変などがあれば早めに知らせてもらうように頼んでおくことも一つの方法です。

　障害者の場合、身近に適切な支援者がいないと、障害が悪化したり環境に異変が生じても誰かに相談をしなかったり、周囲から権利侵害を受けていても気づかないことがあります。その結果、状況が悪化してしまう可能性があるなかで、日頃から見守りをし、何かあればすぐに専門機関に連絡するという大切な役割が民生委員に期待されています。また、日頃から民生委員と交流があることがわかれば、それだけで悪意で近づく人に対する牽制になります。

## 🌱 専門機関が障害者を理解する際に補足情報を提供する役割

　障害者の相談支援機関では、専門職が障害者の特性に応じたコミュニケーションに配慮し相談に応じています。しかし、いろいろな配慮をしても、短時間で障害者の状況を正確に把握し、希望や願いを聴くことが困難な場合もあります。そのような場合、民生委員が障害者のことをよく把握していれば、日頃の様子やどんな話をしているかということを伝えると、理解に役立つことがあります。この役割を果たすうえでも、日頃から関係を構築しておくことが大切です。

## 🌱 障害者や家族の思いを受け止め共感する役割

　多くの障害者や家族は、周囲の偏見や社会のさまざまな壁に突きあたりながら、それまでの人生を歩んできており、たくさんの経験をしています。そこで、障害者や家族と接点をもった場合には、すべてを理解することはできなくても、まずはこれまでの大変さをねぎらったり、思いに共感しようとする姿勢で接することが大切です。その結果、「地域のなかに自分のことをわかろうとしてくれている人がいる」と思えることは、障害者やその家族が地域で暮らし続けるうえでの一つの原動力になったり安心感につながることもあります。この場合に、「障害者やその家族は不幸な人」「同情の対象者」というとらえ方は誤りです。決めつけるのではなく、それぞれの人や家族の気持ちをそのまま受け止め、寄り添う姿勢が大切です。

## 🌱 家族（特に兄弟姉妹）を支援する役割

　民生委員が障害者支援を考える場合、障害者本人に加え、その親や兄弟姉妹等も対象に考えることが大切です。例えば、親が障害のある子を病院に連れていく間、その兄弟姉妹の遊び相手がいて見守ってくれれば親は安心できますし、その兄弟姉妹にとっても思いきり遊べる楽しい時間になるかもしれません。一般に、障害者の兄弟姉妹はいろ

いろな場面で我慢を強いられたり、寂しさを感じたりしていますが、兄弟姉妹を直接の対象としたサービスはほとんどありません。民生委員やボランティアなどの独自の取組みとして、障害者本人以外の兄弟姉妹等に着目した支援が期待されます。

## 地域住民の理解を促進し、障害者とのつながりを作る役割

自然災害や火災など非常時を考えても、また日頃の生活を考えても、障害者と近隣住民とが知り合っておくことが大切です。

すでに昔から隣近所との関係ができている場合は別ですが、そうでない場合、さまざまな地域活動の機会をとらえて、障害者と近隣住民が知り合い、関係を深める場面を作る取組みが期待されます。

例えば、地域の祭礼、盆踊り、夏祭り、福祉祭り、公民館行事等の場を活用することができるでしょうし、自治会や自主防災組織が行う防災訓練や防火訓練等に誘うことも一つの方法です。障害者と健常者が一緒になって活動している合唱団やダンスサークルなどもあります。民生委員だけでできることは限られますが、地域のさまざまな活動の機会を活用したり、各種団体に対して障害者との交流の場面を設けてもらうように働きかけることはできます。

また、障害者団体や障害者施設が実施する行事等に民生委員が協力している例もありますが、そこに地域住民にも加わってもらう方法もあります。さらには、サロン活動を行っている地区社協や障害者団体などと協力できれば、そこに障害者を含めて地域のさまざまな人に参加してもらい、交流を深めることができるかもしれません。

民生委員には、地域のさまざまな組織と協働しながら、障害者への理解を深め、近隣住民等とのつながりを強くするための場面設定、仕掛けづくりの役割が期待されています。

# 6 民生委員協議会として取り組む障害者支援

民生委員協議会として障害者支援に取り組もうと思いますが、どのようなことが考えられますか。

民児協として取り組む場合、まずは、部会や委員会などの推進体制を整備するとよいでしょう。取り組む事業としては、民生委員を対象にした事業、地域を対象にした事業、障害者を対象にしたり障害者団体と協働で行う事業の3つが考えられます。民児協としては、障害者との交流など民生委員個人だと取り組みにくい事業を中心に取組みを進めるとよいでしょう。その際、「してあげる→してもらう」という一方通行にならずに双方向の関係づくりを意識することが重要です。

### 取組み体制を整備する

　部会や委員会を設けている民児協では、そのなかの一つに障害者の支援に中心的に取り組む部門（部会や委員会）を設けるとよいでしょう。名称は、障害者部会（委員会）や、障害者福祉部会（委員会）などが考えられます。少人数の民児協で部会や委員会の設置が難しければ、「担当者」を決めておくことも考えられます。これらのメンバーが中心になって、以下のような事業の企画・運営を担当したり、関係する研修会などに参加するとよいでしょう。

## 民生委員のための事業

　民児協のメンバーが障害者を理解したり、関連する制度を知るためには、次のような取組みが考えられます。

### 1. 学習会をする

　学習の目的には次の2つがあります。

①障害の特性を知るとともに、障害者の生活に即してどのような困難が生じ、どのような支援が必要とされているかを知る

②障害者福祉に関する制度や相談機関、施設などを知る

　以上の2つの目的を達成するために、民児協の定例会に合わせて、または単独での学習会開催が考えられます。その際の講師には、行政関係者や障害者支援に携わっている専門職とともに、障害者本人や家族等に頼む方法も考えられます。もし講演のような設定で話してもらうことが難しければ、日頃から知っている援助者と会話をするような感じで自分の生活のことや社会に望むことなどを話してもらう方法もあります。制度全体の理解などは専門職の話のほうが理解しやすいでしょうが、実際の生活のことや希望や願いなどは、障害をもつ当事者の話を聞くことで、より理解が深まります。

### 2. 事例検討をする

　民児協の定例会などで事例検討の時間を設け、実際に民生委員がかかわった（かかわっている）事例等を題材にして、民生委員の関わり方や専門機関の利用方法などを検討すれば、実際の支援に役立てることができます。

### 3. 見学をする

　以前、見学といえば入所施設がほとんどでしたが、近年は、障害者の就労の場や訓練の場等も増えています。見学の目的によって見学先は変わるはずですから、目的や期待する効果を関係者で考えて見学先

を決める必要があります。また、見学であっても、なるべく障害者と交流したり話を聞く機会を設けるようにするとよいでしょう。

### 地域のための（地域に向けた）事業

障害者に対する理解がまだまだ不足している現状を考えると、地域住民が障害者を理解するための事業に取り組むことが民児協に期待されます。その場合の実施方法としては、民児協単独よりも、障害者団体、社会福祉協議会、町内会や自治会、学校やPTA行政等と協働で行うほうが事業効果の拡がりが期待できますし、民児協の負担軽減にもなるでしょう。

障害者に対する理解を深めるためには障害者と地域住民との交流が不可欠です。その場合、交流自体を目的に掲げて行う事業だけでなく、例えば、産業祭や公民館祭りのような幅広い住民が参加する行事のなかで、交流する場面を作る方法もあります。また、地域の障害者施設や団体の行事に民児協のメンバーが率先して参加しながら、そこに地域住民、学校、企業、地域の各種団体等の参加を呼びかける方法もあります。

なお、毎年12月3日～9日の障害者週間に行われる啓発事業等への積極的参加も民生委員に期待されています。

### 障害者を対象にしたり障害者団体と協働で行う事業

民児協が主体となって障害者を招待して行うような事業も考えられますが、一方向の関係になりやすいそのような事業よりも、ここでは、障害者団体等が主催で行う行事等に民児協が積極的に協力する方法や、協働で行う事業について取り上げます。

例えば、障害者団体は、レクリエーション、運動会、クリスマス会、旅行などさまざまな行事を行ったり、研修会や意見交換会などを実施していますが、民生委員がこれらの活動に参加すれば、実際の行動を

ともにしながら障害者のいろいろな話を聞いたり、生活の様子などを知ることができます。そこで知り合った人の自宅が近ければ継続的な見守りや交流のきっかけになるかもしれません。

　民生委員が障害者を理解するうえでは、何よりも日頃からの交流が不可欠です。そのためには、まずは行事等できっかけを作ることも1つの有効な方法だといえます。

第 **2** 章

# 障害者を支援する制度と支援策の概要

- 7 障害者福祉制度の基盤となる理念
  〜ノーマライゼーションとその拡がり〜
- 8 障害者支援にかかわる法①
  共通する事項を定める法
- 9 障害者支援にかかわる法②
  障害の種別ごとに定められる法
- 10 学校教育と学習支援
- 11 障害者差別の解消
- 12 就労の支援
- 13 バリアフリーの推進
- 14 虐待の防止
- 15 判断能力が低下した人の
  財産や権利を守る成年後見制度
- 16 日常の金銭管理が不安な人を支援する
  日常生活自立支援事業

# 7 障害者福祉制度の基盤となる理念
## ～ノーマライゼーションとその拡がり～

障害者福祉制度の基盤には、ノーマライゼーションの理念があると聞きますが、具体的にはどういうことでしょうか？

**POINT**　ノーマライゼーションは、福祉にかかわるさまざまな理念のなかで最も基本となる理念です。ノーマライゼーションは、誰もが普通に暮らせる社会の実現を目指すための理念を示しており、民生委員として障害者支援を行う際の最も基本でありかつ大切にすべき理念です。

答え

### 🌱 ノーマライゼーション（normalization）の定義

　ノーマライゼーションは、デンマークのバンク・ミケルセンが知的障害者の親の会の運動にかかわるなかで1950年代に提唱した理念で、「障害者も健常者と同様に普通の生活ができるように環境が整えられたり、必要な援助が行われるべきである」とする考え方です。

　それまでの施策は、障害者自身の障害部分に焦点をあてそれを教育や訓練などによってノーマル（普通）にすることを重視していましたが、ノーマライゼーションは障害者自身よりもその障害者が暮らしている生活環境や諸条件に焦点をあてます。そして、それらが障害者が普通の生活をするうえで妨げとなっている場合には改善したり除去に取り組みます。つまり、社会の側を変えることで障害者の暮らしやすい社会にするということです。

## 🌿 ノーマライゼーションの具体的な内容

バンク・ミケルセンが示した理念を受け、スウェーデンのニイリエは、ノーマライゼーションの中身をわかりやすくするために、次の8つの原理から「普通の生活」を考えることを提唱しました。

①一日の普通の生活リズム
②一週間の普通の生活リズム
③一年間の普通の生活リズム
④発達のために当たり前の経験ができること
⑤希望が叶えられ自己決定が尊重されること
⑥普通に異性との関わりがあること
⑦普通の経済水準が保障されること
⑧普通の居住環境で住むこと

例えば、ある障害者がこれらの項目でノーマル（普通）ではない状態にあれば、それをノーマルな状態にするためにはどんな社会的な取組みが必要か考え、それを実行することがノーマライゼーションの取組みということになります。

## 🌿 ノーマライゼーションの拡がりと影響

### 1. アメリカにおける自立生活運動の始まり

ノーマライゼーションの理念にも影響を受けながら、アメリカでは1970年代に障害のある大学生が中心となって自立生活運動が拡大しました。それまで、「自立とは支援を受けずに何かを自力でできること」という考え方が主流でしたが、自立生活運動では、介護を受けていても、その介護サービスの利用が障害者自身の選択に基づいて行われていれば自立している、と考えます。大切なことは、支援や介護サービスの利用の有無ではなく、利用の決定にあたって障害者本人の選択や判断がどれだけ尊重されているかということになります。

## 2. 国際的な動き

　ノーマライゼーションの理念が拡がり、1975年に国連で「障害者は同年齢の市民と同等の基本的権利を有する」という内容の「障害者の権利宣言」が採択されました。そして、その具体化を図るために「完全参加と平等」をスローガンに、1981年を国際障害者年と定めました。さらに、この取組みを継続するために、1983年から1992年の10年間を「国連・障害者の10年」と定めました。

## 3. ノーマライゼーションの日本への影響

　第二次大戦後のわが国の障害者福祉施策は、主に入所施設整備中心に動いていました。特に、1971年には「社会福祉施設緊急整備5か年計画」が策定され、国が積極的に予算を投入して、障害者福祉施設や老人福祉施設等の整備を進めました。

　一方、その頃わが国にもノーマライゼーションの理念が紹介され、在宅福祉サービスの整備やバリアフリーのまちづくりなどが少しずつ進み始めました。特に、1981年の国際障害者年やそれに続く「国連・障害者の10年」によって、これらの動きは着実に進展しました。

　さらに、入所施設の管理的運営や地域社会との心理的な壁の存在などが指摘され、そこから、障害者が（特に大規模な）入所施設から退所して地域で暮らす「地域移行」や「脱施設化」などの動きが生まれました。

　これらの動きで大切なことは、施設に入らないこと自体が目的ではないということです。例えば、自宅での生活を継続していても、在宅福祉サービスがなかったり、街中バリアだらけで外出できなかったり、一日中部屋にいて誰とも全く交流がないとすれば、それは普通の生活といえません。大切なことは、生活の基盤が入所施設であれ在宅であれ、「本人の選択が最大限尊重され、普通の生活が実現すること」です。

# 8 障害者支援にかかわる法①　共通する事項を定める法

障害者を支援する法のなかで、障害の種別にかかわりなく共通する事項を定める法にはどのようなものがあるのでしょうか？

障害者を支援する法は、「障害の種別にかかわりなく共通する事項を定める法」と「障害の種別ごとに定められる法」の2つに分けられます。
本問で前者を、次の問9で後者を紹介します

### 障害の種別にかかわりなく共通する事項を定める法

**障害者基本法**（1970年「心身障害者対策基本法」制定、1993年に現在の名称）

障害者を身体障害、知的障害、精神障害（発達障害含む）等がある者で、継続的に生活に相当な制限を受ける者と定義しています。そして、すべての国民が、障害の有無にかかわらず、等しく個人として尊重されるという理念のもとに諸施策を総合的、計画的に実施することが定められています。そのために国に障害者基本計画の策定を、都道府県および市町村に障害者計画の策定をそれぞれ義務づけています。

また、この法では、福祉、介護、医療だけでなく、教育、雇用、住宅、バリアフリー、情報利用、防災、防犯、消費者保護など、生活のさまざまな場面にかかわる障害者支援の基本原則が示されています。

なお、国民の関心と理解を深めるための障害者週間（12月3日〜12月9日）も定めています。

## 🌿 障害者の日常生活及び社会生活を総合的に支援するための法律
（2005年「障害者自立支援法」制定、2012年に現在の名称）

　この法は、略して「障害者総合支援法」と通称されています。障害者が尊厳をもって生活できるよう、必要なサービスを提供することで障害者の福祉の増進を図ることを目的に、自立支援サービス、介護や訓練サービス等の種類やサービス提供事業者の要件、医療費や補装具費の支給等を規定しています。これらのサービスを計画的に整備するために「障害福祉計画」の策定を都道府県および市町村に義務づけています。

　当初は、障害者を身体障害、知的障害、精神障害としていましたが、現在は難病も対象に含まれています。また障害別の制度格差を解消し、市町村が一元的にサービスを実施することが定められています。

## 🌿 障害を理由とする差別の解消の推進に関する法律（2013年制定）

　この法は、略して「障害者差別解消法」と通称されています。国連の「障害者の権利に関する条約」の締結に向けた法整備の一環として制定されました。行政機関や民間事業者等に対し障害者差別を禁止するとともに、障害者に対する合理的配慮を求めています。

【➪ 障害者差別解消の詳細は問11参照】

## 🌿 障害者の雇用の促進等に関する法律（1960年「身体障害者雇用促進法」として制定、1987年に現在の名称）

　法の制定時の対象は身体障害者のみでした。その後、対象が知的障害者や精神障害者に拡がりました。障害者に対する職業訓練の推進や職業紹介等を規定するとともに、事業所に一定割合の障害者雇用を義務づけ、その割合を達成した場合には助成金が出る一方、達成しない場合には納付金を納めなければならない制度になっています。

【➪ 障害者の就労支援の詳細は問12参照】

## 高齢者、障害者等の移動等の円滑化の促進に関する法律（2006年制定）

高齢者や障害者が安全かつ気軽に移動できるように、一定規模以上の建築物の建築にあたって、段差の解消やエレベーターの設置等を義務づけたり、公共交通機関にバリアフリー仕様を求める法です。当事者の参画を得て、市町村が「重点整備地区」に関する基本構想を策定することなども定めています。

【 ⇨ バリアフリーの推進の詳細は問 **13** 参照 】

## 障害者の虐待の防止、障害者の養護者に対する支援等に関する法律（2011年制定）

この法は、略して「障害者虐待防止法」と通称されています。児童、高齢の各分野の虐待防止法に続き制定されました。家族介護者や福祉施設職員等による虐待とともに、雇用主による虐待も対象にしています。関係機関が障害者虐待の防止策を講じることや障害者虐待を発見した者は通報する義務があること、通報を受けた市町村等は適切な対応をすべきことなどが定められています。

また、国は毎年実態調査を行い、結果を公表するとともに必要な対応策を講じることも定めています。

【 ⇨ 障害者虐待防止の詳細は問 **14** 参照 】

# 障害者支援にかかわる法②
# 障害の種別ごとに定められる法

障害者を支援する法のなかで、障害の種別ごとに定められる法にはどのようなものがあるのでしょうか？

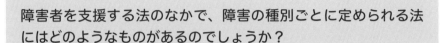

**POINT** 障害者を支援する法は、「障害の種別にかかわりなく共通する事項を定める法」と「障害の種別ごとに定められる法」の2つに分けられます。
前者は問8で紹介しました。ここでは後者を紹介します。

 **答え** 障害の種別ごとに定められる法

 **知的障害者福祉法**(1960年「精神薄弱者福祉法」として制定、1998年現在の名称)

知的障害者の自立と社会経済活動への参加を促進するために、必要な支援を行うことにより、知的障害者の福祉を増進することを目的としています。

知的障害者やその介護者に対する更生援護を市町村が行うことや、知的障害者が地域で生活するために市町村が行う環境整備等の責務を規定するとともに、都道府県が設置する知的障害者更生相談所、市町村長等が委嘱する知的障害者相談員、さらに民生委員による協力等についても規定しています。

身体障害者と違い、知的障害者については法律に定義がありません。そのため、かつて厚生労働省が全国調査で使用した「知的機能の障害が発達期(おおむね18歳まで)に現れ、日常生活に支障が生じてい

るため、何らかの特別の援助を必要とする状態にあるもの」を知的障害者の定義として利用し、支援を行う際の目安にしています。
【⇨ 知的障害者の支援の詳細は問 17 参照】

### 🌱 身体障害者福祉法（1949年制定）

　身体障害者の自立と社会経済活動への参加を促進し、必要な保護を行うことにより、身体障害者の福祉を増進することを目的としています。

　身体障害者やその介護者に対する援護を市町村が行うことや、身体障害者が地域で生活するために市町村が行う環境整備等の責務を規定しています。また、都道府県が設置する身体障害者更生相談所、市町村長等が委嘱する身体障害者相談員、市町村が行う更生相談、身体障害者手帳制度、さらに民生委員による協力等について規定しています。

　身体障害者を「別表に掲げる身体上の障害がある18歳以上の者で都道府県知事から身体障害者手帳の交付を受けたもの」と規定しています。この身体障害者手帳の交付を受けることでサービス利用がスムーズになり、また利用できるサービスの範囲が拡がります。
【⇨ 身体障害者の支援の詳細は問 18 参照】

### 🌱 精神保健及び精神障害者福祉に関する法律（1950年「精神衛生法」として制定、1987年「精神保健法」、1995年に現名称）

　精神障害者の社会復帰の促進、自立と社会経済活動への参加の促進のために必要な援助を行うことによって精神障害者の福祉の増進を図ることを目的にした法です。都道府県による精神保健福祉センターの設置や精神保健指定医、精神科病院、精神障害者保健福祉手帳、医療と保護の手続き方法などを定めています。

　なお、この法では、「精神障害者」を、「統合失調症、精神作用物質による急性中毒又はその依存症、知的障害、精神病質その他の精神疾患を有する者をいう」と定めています。

【 ☞ 精神障害者の支援の詳細は問 19 〜問 23 参照 】

## 🌿 児童福祉法（1947 年制定）

　児童福祉法は「身体に障害のある児童」「知的障害のある児童」「精神に障害のある児童（発達障害児含む）」「難病の児童」を障害児と定義しています。このように、法は 18 歳以上を障害者、18 歳未満を障害児と区別しています。障害児に対する支援は原則として児童福祉法によって規定されています。

## 🌿 発達障害者支援法（2004 年制定）

　発達障害を定義したうえで、発達障害を早期に発見し支援するための行政の責任や、教育や就労における発達障害者の支援などを規定しています。

【 ☞ 発達障害の支援の詳細は問 21 参照 】

## 🌿 身体障害者補助犬法（2002 年制定）

　昔から視力障害者をサポートする盲導犬は知られていますが、その他に、肢体不自由者をサポートする介助犬、聴覚障害者をサポートする聴導犬もいます。これら 3 種類の犬をこの法で補助犬と規定し、障害者が外出に補助犬を同伴した場合、正当な理由がない限りレストランやスーパー等の事業者は同伴による入店を拒んではならないと定めています。

　この場合、どのような犬でも飼い主等が自由に補助犬と呼称できるわけではなく、制度に基づいて一定の要件を満たした訓練事業者が訓練をした犬のみが補助犬として認定されます。

　この法の認知度や理解が広まっていないため、正当な理由がないにもかかわらず補助犬の入場を断る事例が後を絶たないことから、本法の周知と理解の促進が課題になっています。

# 10 学校教育と学習支援

障害児に対しては、どのような教育体制が整備されているのでしょうか。教育自体は学校やその関係者が行うことだと思いますが、民生委員として学習にかかわって支援できることはあるでしょうか？

**POINT** 障害児に対する教育は公的責任のもとで行われています。民生委員には、学校教育のなかで行われる各種のプログラムへの協力や、障害児の学ぶ環境を良くするための提言をする役割等が期待されます。そのためには教員や保護者など学校関係者との連携が重要です。

## 障害児教育の歴史

### 1. 第二次大戦前

明治時代に一部地域で盲・聾児に対する教育機関が設置されましたが、民間の善意に支えられており、運営は安定しませんでした。大正から昭和初期には、国が盲・聾学校教育令を制定し、全国的に盲学校、聾学校の整備がある程度進みました。このように、戦前は不十分ながらも盲学校、聾学校の整備が進みましたが、それ以外の身体障害や知的障害をもつ児童の教育体制の整備はほとんど進みませんでした。

### 2. 第二次大戦後

1946（昭和21）年に制定された現行憲法の第26条には「すべて国

民は、法律の定めるところにより、その能力に応じて、ひとしく教育を受ける権利を有する」と明記され、教育基本法等も整備されました。しかし、重度や重複障害児等は、これ以降も修学を「免除・猶予」され、教育を受ける権利が保障されないままでした。

この状況は、1979（昭和54）年の養護学校への就学の義務化によって重度や重複障害児等に対する就学免除や猶予が原則廃止されるまで続きました。

その後、2007（平成19）年の学校教育法改正で従来の「特殊教育」が一人ひとりのニーズに応じた教育と支援を行う「特別支援教育」に転換し、すべての学校が取り組むとともに従来の盲・聾・養護の学校制度も、複数の障害種別を受け入れる特別支援学校に転換しました。

## 特別支援教育の現状

### 1. 特別支援教育の場とその考え方

障害児が学校教育を受ける場は、地域の小・中学校の他、表に示す3つの場があります。この3つの場は、少人数で学級が編成され、特別の教育課程のもとで専門的知識をもつ教員が障害に配慮した教科書や施設、設備等を活用して、それぞれの児童の障害や特性に応じて作成された個別の指導計画に基づいて教育を行っています。

欧米諸国では、障害がある児童もない児童も地域の通常の学校で一緒に学ぶことを原則とし、例外的に個々の子どもの必要性に応じて特別な教育を行っていますが、日本では、個別の教育ニーズに対して多様で柔軟な仕組みを整備するという考えから、特別支援学校等が整備されています。

このような、障害のある児童とない児童をある程度分離して教育する現在の制度に対しては、「本来地域の通常の学校が多様で柔軟な機能をもつべきであり、障害のある児童とない児童が地域の学校で一緒

に学べるようにするべきだ。障害の有無で分離することで、障害のない児童が障害のある児童のことを自然に理解する機会を奪っている。また障害のある人もいればない人もいるという社会の自然な姿からも遊離している」という反対意見が根強くあります。

**障害のある児童の特別な教育のために用意された学びの場**

| | |
|---|---|
| 特別支援学校 | 比較的障害が重い児童を対象にした学校。小学部・中学部の他、幼児部、高等部もある。対象となる障害は、視覚障害、聴覚障害、知的障害、肢体不自由、病弱・身体虚弱。<br>◆全国の1,135（幼児部166、小学部971、中学部960、高等部988。重複あり）の学校で合計141,944人が学んでいる。 |
| 特別支援学級 | 通常の小・中学校のなかに、障害のある児童のために置かれる少人数の学級。対象となる障害は、特別支援学校の対象となる障害種別（相対的に軽度）に加え、言語障害、自閉症、情緒障害等。全国の小・中学校の各8割近くで設置されている。<br>◆小学校は全国の合計41,864学級で167,269人が学んでいる。<br>◆中学校は全国の合計18,326学級で68,218人が学んでいる。 |
| 通級による指導 | 障害のある児童が小・中学校の通常の学級に在籍して学習しながら、週1時間〜8時間程度、特別の指導・教育を別学級で受ける。対象は、特別支援学級の対象となる障害種別に加え、学習障害（LD）や注意欠陥多動性障害（ADHD）等。<br>2018（平成30）年度からは高校でも実施。<br>◆小学校96,996人、中学校11,950人が通級指導を受けている。 |

※表の数値は2017（平成29）年度現在（文部科学省調べ）

## 2.学ぶ場の選択と決定の方法

どのような学校や学級に行くかということは、かつては本人や保護者の希望にかかわらず教育委員会が決めていましたが、現在は、就学前に相談や体験の場を設け、十分な情報提供をしたうえで、可能な限

り本人や保護者の希望を尊重することとなっています。ただし、最終的な決定は教育委員会が行います。

また、入学後に就学の場を変えることも可能です。

## 障害児の学習、教育と民生委員に期待される役割
### 1. 通学や学習にかかわる支援

　ここでは、民生委員固有の活動というより、ボランティアの一人として民生委員にも貢献できることを記述します。なお、教員経験者等であれば、授業補助などの専門的活動もありますが、ここでは必ずしも高い専門性を必要としない一般的な活動を紹介します。

①登校の見守りや安全確保のための環境整備

　登下校の見守り活動を行っている場合、見守り対象には障害をもつ児童も含まれます。もし危険な行動等がみられた場合には、丁寧に説明をしたり、学校に連絡して個別の指導を提案する等、安全な登下校を支援する役割が期待されます。また、車いすや杖などを使っている児童にとって危険や不便な場所があれば、関係機関に情報提供し、改善を求める役割も期待されます。

②文化芸術活動等への協力

　特別支援教育では、子どもの感性を育てたり、可能性を拡げるために、積極的に学内外で芸術や文化に触れる機会を設けていますが、学外に出る際には、移動や観覧に多くの人手が必要な場合があります。その際の支援や、民生委員自身が文化芸術活動等に造詣が深ければその知識を活かして、情報提供や関係者を紹介することも考えられます。また、特別支援学校（学級）で行う読み聞かせや、視覚障害の児童のための録音図書の作成といったボランティア活動もあります。

③職業訓練への協力

　特別支援学校の高等部では職業訓練に力を入れていることから、地

域の企業や農家や店舗等で実習をすることがあります。また、中学部でも職業体験の機会があります。その実施にあたって、訓練や体験の場の提供や情報提供、あるいは顧客として温かく接したり声をかける等の支援の役割が期待されます。

④体験活動等への協力や環境整備

　障害のある児童が学外で農業体験や清掃活動をしたり、餅つきなどの季節行事やレクリエーション等を行うことがあります。また、特別支援学校（学級）では、学内外の花壇整備等をすることもあります。それらの場合に、一緒に活動し必要な作業補助や手伝いや指導をする、場所や機材を提供する、移動を手伝う等の役割が期待されます。

## 2. 地域で障害のある児童とない児童が交流する場を設ける

　特別支援学校に通っている場合、地域の児童との接点が少なくなってしまいます。そのため、例えば、障害児も地域の子ども会に入って一緒に活動できるようにすることや、地域の子ども向けイベントのなかで障害児も参加できるようなプログラムを設ける等、地域での児童相互の交流を増やす役割が期待されます。

## 3. 学校施設のバリアフリー化の推進

　地域にある小・中学校の多くはバリアフリーではありません。障害児が学べるようにバリアフリー化すべきことは当然ですが、それだけでなく、例えば、授業参観に障害のある保護者が来ることも考えられますし、災害時の地域住民の避難場所として、車いすや杖を使っている障害者や高齢者等が避難してくる可能性があります。このように小・中学校のバリアフリー化はさまざまな面で必要性が高いことから、バリアフリー化に積極的に取り組むよう関係者に提案や要望をする役割が期待されます。

# 11 障害者差別の解消

障害者差別をなくすための法律があるそうですが、どのような内容でしょうか。民生委員としてどのようなことができますか。

2016（平成28）年4月、「障害を理由とする差別の解消の推進に関する法律」（以下、「差別解消法」）が施行されました。

差別解消法には、直接、民生委員の責任や役割等の記述はありませんが、民生委員が差別的言動をしてはならないことはいうまでもありません。また、差別解消に向けた国民の責務が定められているので、民生委員には、率先して啓発活動に協力したり、差別の事例を知った場合に関係機関に通報する等、差別のない社会づくりへの貢献が期待されています。

## 差別解消法の制定

### 1. 障害者差別禁止の国際的な潮流

1990（平成2）年にアメリカで障害者差別を禁止する法律が制定されたことを契機に、障害者差別に関する国際的な関心が高まり、その後、2006（平成18）年には国連で障害者の権利に関する条約が採択されました。わが国では、その条約の趣旨も反映した差別解消法が2013（平成25）年に成立しました（施行は、2016年4月）。

## 2. 差別禁止法ではなく差別解消法を制定した意味

　法の名称に「差別禁止」という言葉は使われていません。これは、差別をなくすためには、単に差別を禁じたり、差別をした事業者等を非難したり罰するだけでは差別はなくならないと考えたからです。

　行政や事業者等に対し差別をなくすための具体的取組みを促し、さまざまな事例を蓄積し紹介することで差別のない社会をつくることを重視したことから、名称に「解消」という言葉が使われました。

### 差別解消法のポイント

### 1. 行政機関や事業者に義務等を課した

　法の目的は、障害者差別を解消し、共生社会を実現することですが、そのために国が基本方針を作成することや国民が協力することとともに、行政機関や民間事業者に対し、次の表のように、①不当な差別的取扱い、②合理的配慮、の2点について義務等を課しました。

**差別解消法が定める行政機関や民間事業者の責務**

| 事務または事業の主体 | ①不当な差別的取扱い | ②合理的配慮 |
| --- | --- | --- |
| 国の行政機関や地方自治体、独立行政法人等 | 禁止<br>(法第7条第1項) | 配慮する義務<br>(法第7条第2項) |
| 民間事業者※ | 禁止<br>(法第8条第1項) | 配慮するよう努める義務<br>(法第8条第2項) |

※民間事業者には非営利事業者や個人事業者も含まれます。

①不当な差別的取扱いとは、正当な理由がないのに障害を理由としてサービス提供を拒否したり、入店を断ったり、サービス利用にあたって不当な条件をつけたり制限をする等の行為をいいます。
②障害者への合理的配慮とは、障害者や家族等から希望があった場合、それを実施することに伴う負担が当該機関や事業者にとって過重にならない限り、必要な配慮をすることをいいます。障害の

種類や程度は一人ひとり違うわけですから、合理的配慮は画一的に定められるものではなく、一人ひとりに合わせて行われることになります。

## 2. 社会的障壁には「見えるもの」と「見えないもの」がある

　差別解消法では、なくすべき社会的障壁を「障害がある者にとって日常生活又は社会生活を営む上で障壁となるような社会における事物、制度、慣行、観念その他一切のものをいう。」（法第2条第2号）と規定しました。この規定は、社会的障壁には段差や点字案内の未整備といった目に見えることだけでなく、利用しにくい制度、障害者の存在を意識していない慣習や文化、人々のもっている偏見や先入観など、目に見えないものも含まれることを意味しています。

## 3. 相談や紛争解決の方法

　相談や紛争の解決は、行政相談委員や法務局・人権擁護委員による相談など、基本的には既存の相談機関の活用が前提になっています。一方で、差別解消法は、差別に関する相談や紛争の防止、解決に取り組むために、それぞれの地方自治体で「障害者差別解消支援地域協議会」を設置できることも規定しています。

## 🌿 差別解消法の効果と課題

### 1. 不当な差別的取扱いの禁止や合理的配慮の状況

　適切な対応のために、国や地方自治体は対応要領や対応指針等を作成し、事業者団体も事例集等を作成しています。これらの効果もあり、徐々に改善はみられるものの、まだまだ無理解や偏見による差別的取扱いや合理的配慮を欠く例が多くみられます。

### 2. 問題の顕在化と解決策の蓄積

　従来、差別的対応をされた多くの障害者は泣き寝入りしていましたが、法ができたことで改善を求めることができるようになり、それに

よって事業所等の対応が改善された例があります。また、マスコミが取り上げることで他の事業者も気づき、従来の対応姿勢をあらためる例もあり、法のもつ強制力が一定の効果をあげています。

## 障害者差別の解消に向けて民生委員に期待される役割
### 1. 共生社会の実現における国民の責務

差別解消法は次の通り国民の責務を規定しています。

> （国民の責務）
> 第4条　国民は、第1条に規定する社会を実現する上で障害を理由とする差別の解消が重要であることに鑑み、障害を理由とする差別の解消の推進に寄与するよう努めなければならない。

ここでいう「第1条に規定する社会」とは、「国民が、障害の有無によって分け隔てられることなく、相互に人格と個性を尊重し合いながら共生する社会」（第1条抜粋）のことです。このような社会を実現することは、行政や事業者だけでなく、国民一人ひとりの責務でもあるということです。民生委員はまず国民の一人としてこの点を知っておくことが大切です。そのうえで、次に示すような役割が期待されます。

### 2. 啓発の取組み

内閣府の調査（2017年8月）では、差別解消法に関して、「法律の内容も含めて知っている」5.1％、「内容は知らないが、法律ができたことは知っている」16.8％でした。関係者には大きな関心を呼んだ差別解消法ですが、国民にはまだまだ浸透していません。

法の詳細はともかく、差別が禁止されていることや、事業者は合理的配慮をする必要があることなどは誰もが知っておくべき内容です。

ここで質問です。

> 問：あなたが入ったお店で、店員が障害者に丁寧に対応していて少し時間がかかっています。そのために、あなたは少し待たされており、店員が申し訳なさそうにしています。そのときあなたはどう思いますか？
> 　Ａ「障害者のために当然のことをしているのだから待とう」
> 　Ｂ「そんなことより早く自分に対応しろ」

　もしここでＢを口に出して言えば、店も客（障害者）も何も悪くないのに、何か悪いことをしたような気持ちになるかもしれません。

　差別解消法は、自治体や事業者には徐々に理解が拡がっていますが、一般国民の理解はまだまだ不十分です。民生委員には、一人の住民として法の趣旨を踏まえた行動を取るとともに、さまざまな活動場面を通して、住民の理解を拡げる役割が期待されます。

## 3. 差別や合理的配慮の欠如への対応

　事業者が明らかな差別的対応をすれば、周囲は「差別である」と気づき、問題になるでしょう。一方、「合理的配慮をすべきなのにしない」場合は、関係者以外なかなかわかりません。障害者本人や家族も「仕方ない」「そういうものかな」とあきらめているかもしれません。

　そこで、民生委員はもしこのような事例を見聞きしたら、その状態が改善するように動く役割が期待されます。といっても、いきなり事業者に要求を突きつけたり、障害者に「訴えるべきだ」などという必要はありません。とりあえず見聞きしたことを市町村の担当者に話し、適切な対応を求めることが現実的な方法になります。また、そのことを民児協等で報告し、具体例を通して民生委員が学習し差別解消法に対する理解や知識を深めていくことも大切です。

# 12 就労の支援

障害者の就労を支援する制度や取組みにはどのようなものがありますか。民生委員としてはどのようなことができますか。

障害者の就労には、企業などで働く「一般就労」と福祉制度の枠組みを基盤にして働く「福祉的就労」があります。国は法を整備して障害者の就労促進に力を入れていますが、障害の種別によって雇用の状況は異なります。また、安定した就労には、雇用主だけでなく同僚や顧客、取引先などの理解も不可欠です。

民生委員は障害者の就労に関する制度の目的や概要を理解し、障害者が働きやすい環境づくりのための啓発事業等への協力が期待されます。また、障害者が就労の場で不当な扱いを受けている事例を見聞きした場合には、関係機関に連絡するなど、権利侵害の防止にかかわる役割も期待されます。仮に民生委員自身が雇用主の立場であれば、直接、雇用による貢献も期待されます。

## 障害者の就労を支援する制度の考え方

### 1. 働く主体としての障害者

　日本国憲法第27条には、「すべて国民は、勤労の権利を有し、義務を負う」と明記されています。これは誰もが働きやすい条件整備や、教育、訓練等を行う責任が国にあることを意味しています。もちろん

障害者もその対象です。しかし、日本国憲法制定後、しばらくの間は障害者は支援の対象であり働く主体とは積極的に位置づけられていませんでした。1960年頃からようやく働く主体と位置づけられるようになり、雇用を促進するための制度も徐々に整い始めました。

## 2. 一般就労と福祉的就労

　障害者の就労を考える場合、通常、一般就労と福祉的就労に分類します。一般就労とは、雇用契約を結び労働基準法や最低賃金法の対象になる労働をいいます。一方、労働関係法の適用を受けず、福祉制度の枠組みのなかで働くことを福祉的就労といいます。

　かつて一般就労は少なく、福祉的就労の場の確保が施策の中心でしたが、近年は一般就労の推進に施策の重点が置かれており、福祉的就労のなかでも、一般就労に向けた訓練事業などが行われています。ただし、さまざまな理由で一般就労が困難な障害者もいるわけですから、すべての施策が一般就労を目的にしているわけではありません。

　ここでは一般就労の現状や課題を中心に記述します。

### 一般就労の推進

　以下の通り、国は段階的に事業者に対して守るべき雇用率の明示や未達成の場合の納付金の徴収など、強制力を伴う法制度を整備することによって、一般就労を促進してきました。

#### 1. 1960（昭和35）年に身体障害者雇用促進法を制定

　企業や官庁などへの障害者の就労を促進するために法が整備されましたが、現在と違い、対象は身体障害者のみ、また、雇用率は努力義務ではあったものの、完全な義務ではありませんでした。

#### 2. 1976（昭和51）年に身体障害者雇用促進法を大幅改正

　それまで努力義務だった法定雇用率が義務となり、効用率を下回った事業者が納める納付金制度も導入されました。ただし、対象は身体

障害者に限定されたままでした。

### 3. 1987（昭和62）年に障害者の雇用の促進等に関する法律に改正

対象を知的障害者や精神障害者にも拡げたことから、法の名称から身体が削除されました。ただし、当初知的障害者や精神障害者の雇用の義務づけはなく、段階的に義務づけが行われてきました。

### 4. 現在の障害者の雇用の促進等に関する法律の概要

下表の通り、事業主に対する雇用率の義務づけや経済的負担を調整する制度があり、身体障害者、知的障害者、精神障害者のいずれもその対象になっています。

**障害者の雇用の促進等に関する法律が定める雇用の促進と調整**

| 制度の内容 | 事業主の責務や事業主に対する措置 |
|---|---|
| 雇用義務制度<br>（雇用者50人以上の事業所に障害者雇用義務づけ） | ・民間企業　　　　　　　　　　　2.2%<br>・国、地方公共団体、特殊法人等　2.5%<br>・都道府県等の教育委員会　　　　2.4%<br>＊未達成で悪質な事業所名は公表する |
| 障害者の雇用に伴う経済的負担を調整する制度 | ①雇用率が未達成の事業主※は、不足一人につき原則月額5万円の障害者雇用納付金を負担<br>②雇用率達成事業所には、超過一人につき原則月額2万7千円の障害者雇用調整金を交付 |

※常用労働者100人超が適用対象

なお、大企業などが障害者を多数雇用する会社を別途設立した場合、その会社の雇用人数を当該大企業の障害者の雇用人数として算定できる「特例子会社制度」があります。

## 障害者の就労に不可欠な周囲の理解や協力

### 1. 雇用する事業主の責任

障害者雇用率を達成している事業所は約5割です。そのため、引き続き事業者に雇用率達成の努力が求められますが、雇用率はあくまでも数字の話です。肝心なことは実際に障害者が張り合いをもって日々

生き生きと働けているかということです。そのためには、一人ひとりの障害特性に応じた働きやすい環境整備や勤務時間の柔軟な対応、相談体制の整備等が必要であり、事業主やそれを支援する行政機関のさらなる努力が求められます。

## 2. 同僚の理解や協力

　働き始めて周囲の同僚の冷たい言葉や視線に耐えきれずに退職する障害者は少なくありません。これは同僚個人の人間性の問題もあるかもしれませんが、研修をするなど、個人の責任に任せるのではなく、事業所として理解促進の取組みをする必要があります。

## 3. 市民の理解や協力

　障害者と同僚として一緒に働くような接点がない人でも、例えば、次のような場面での接点が考えられ、その際の理解や協力が期待されます。

### ①通勤時の移動に対する配慮

　例えば、杖や車いすの利用者が通勤する場合、危険や困難を伴うことは容易に想像できます。駅やバス停などで見かけたとき、周囲が一声かけ、ちょっとサポートするだけでも危険や困難を減らすことができ、結果的に障害者が安心して働くための支援になります。

### ②顧客としての関わり

　例えば、飲食店のなかには障害者を積極的に雇用しているところがあります。障害のある店員とのやりとりがスムーズにいかないとき、客の側にちょっと待つ姿勢があれば何の問題もありませんが、「何もたもたしてるんだ」といきなり客が怒鳴れば、店員である障害者は萎縮するでしょう。近年は「キレやすい客が増えた」などと言われますが、少しの間待つ姿勢、多少のぎこちなさを許容できれば、それだけでも障害者に限らず誰もが生きやすい社会に一歩近づきます。

## 障害者の就労支援と民生委員に期待される役割

　障害者の就労支援にかかわって民生委員に期待される役割としては、以下の４つがあります。

　第一に、前述の「市民の理解や協力」を積極的に実践することです。民生委員が積極的にそのような姿勢や行動をすることは、結果的に周囲の人の気づきや行動の変容につながることが期待できます。

　第二に、買い物・発注などで客になることです。例えば、飲食業や小売業であれば、なじみ客になり、売り上げに協力するとともに、一声かければ、働いている障害者の張りあいにもつながります。

　第三に、もし民生委員が雇用をするような立場であれば、障害者の雇用を検討するということです。あるいは知り合いの事業主を紹介することも考えられます。雇用に当たっては、障害への配慮とともに、障害者の「できること」に着目することが大切です。例えば、事務仕事は苦手でも、農業を手伝い丁寧な仕事と頑張りで、貴重な戦力になっている障害者がいます。また、その逆もあります。「できること」や、「できそうなこと」に着目することで確実に可能性が拡がります。

　第四に、もし障害者が職場で不当な扱いを受けているというような話を聞いた場合、その障害者がさらに不当な扱いを受けることがないように配慮しながら、市町村や労働基準監督署などに通報・相談することも民生委員の役割として期待されます。なお、雇用における不当な取り扱いについては、問 **14** の「虐待の防止」の項で、「使用者による虐待」としても解説しています。

# 13 バリアフリーの推進

障害者の生活環境の整備やバリアフリーを推進するための制度や取組みにはどのようなものがありますか。民生委員としてどのようなことができますか。

バリアフリーとは、障害者等が生活するうえで障壁となるものがないことをいい、物理的バリアと心理的バリアがあります。
民生委員は、バリアフリーのための設備機器や取組みのことを知っておき、例えば、点字ブロックの上に物を置かない等、その機能を阻害しないようにするとともに、障害者が安全に移動するための積極的な協力や周囲の理解者を増やしていく取組みも期待されます。

## バリアフリーの考え方

### 1. バリアフリー

バリアフリーとは「バリア(障壁・邪魔もの)」が「フリー(ない状態)」をいいます。内閣府が策定した障害者基本計画には次のような記述があります。

> 1 社会のバリアフリー化の推進
> 障害の有無にかかわらず、国民誰もがその能力を最大限発揮しながら、安全に安心して生活できるよう、建物、移動、情報、制度、慣行、心理などソフト、ハード両面にわたる社会のバリアフリー化を強力に推進する。

ここに示されているように、バリアには、大きく分けて、段差など目に見える「物理的バリア」と、差別したり必要な配慮をしないという目に見えない「心のバリア」があります。また、バリアフリーの対象は身体障害者だけでなく、あらゆる障害者が含まれます。
　本問では、主に「物理的バリア」をなくす取組みを取り上げます。

## 2. ユニバーサルデザイン

　バリアフリーと関連して使われる言葉にユニバーサルデザインがあります。バリアフリーは、バリアを取り除くことに重点を置きますが、ユニバーサルデザインは、障害の有無、年齢、性別等にかかわらずすべての人が利用しやすいように、商品や生活環境などをデザインすることをいいます。ちなみに、ユニバーサル（universal）とは、「すべての人々の」「人類共通の」と訳され、普遍的な意味を表しています。

## 🌿 バリアフリーを促進するための法律

### 1. 法律制定の経緯

　かつてはバリアフリーに関して、次の2つの法律がありました。
① 1994（平成6）年：建物のバリアフリーを促進する法律
② 2000（平成12）年：交通・移動のバリアフリーを促進する法律
　これらの法律は、①が建物という「点」に着目し、②が移動という「線」に着目していました。その後、2006（平成18）年に2つの法律が統合され「高齢者、障害者等の移動等の円滑化の促進に関する法律」（以下、「バリアフリー法」）ができ、点と線をつなぎ、面としてのバリアフリーを考えるようになりました。

### 2. バリアフリー法の概要

　バリアフリー法では、高齢者、障害者等の自立した日常生活および社会生活の確保の重要性を踏まえて、各種の措置を講じることで、「高齢者、障害者等の移動上及び施設の利用上の利便性及び安全性の向上

の促進」を図ることが法の目的として掲げられています。

そして、その促進策として次のような内容が規定されています。

①建物のバリアフリー化

不特定の人が使う一定規模以上の建物（病院、デパート、飲食店、郵便局、理髪店、銀行、駅の待合室……）の新築や増改築では、国の基準を守ることが義務づけられました。また、既存の建物や、ここに該当しない建物でもバリアフリーのための努力義務が課せられました。ただし、個人の住宅や限られた人だけが使う建物は対象外です。

また、基準に適合すると、シンボルマークが表示でき、税制上の優遇措置や低利融資や補助金の対象になる場合があります。

②交通機関のバリアフリー化

バスや電車の車両を新規に導入する際には、国の定めた基準に適合したものでなければならないことや、既存の車両等でも改善をする等の努力義務が定められています。

③重点整備地区の総合的なバリアフリー化

駅周辺など施設が集積している一定地区を重点整備地区として指定し、市町村が基本構想を策定してその地域を総合的にバリアフリー化する制度があります。この基本構想に即して行う事業に対しては国や都道府県などからの支援措置があります。なお、基本構想は、住民（そこには当然障害者も含みます）が作成を提案することも可能です。

## バリアフリーの推進と民生委員に期待される役割

### 1. バリアフリーの現状と課題

例えば、今あなたが両足を骨折して車いすを使う状態になり、近所のスーパーや郵便局に行くことや、電車とバスを乗り継いで友達に会いに行くことを考えてみてください。そう考えただけでも、世の中にはいかに多くのバリアーがあるかということがわかるでしょう。

法律ができたことにより、駅や鉄道車両、ノンステップバスの導入などがある程度進んでいますが、建築物のバリアフリー化はなかなか進んでいません。また、比較的進んでいる地域とそうでない地域との差もあります。国の基準がすべてではありませんが、まずは、定められた基準をすべての建物や交通機関等がクリアすることが必要です。

## 2. 民生委員に期待される役割

　バリアフリー法第7条は国民の責務を次のように定めています。

> （国民の責務）
> 第7条 国民は、高齢者、障害者等の自立した日常生活及び社会生活を確保することの重要性について理解を深めるとともに、これらの者の円滑な移動及び施設の利用を確保するために協力するよう努めなければならない。

　これは国民全般に協力を求める内容ですが、地域福祉の推進にかかわる民生委員には、国民の一人として積極的な協力が期待されます。
　そこでは、具体的に次のようなことが考えられます。

①機能を妨げない役割

　この役割は、例えば、次に示すように、バリアフリーのための設備や機器の機能を妨げたり、障害者の行動そのものを妨げたりしないということです。

・駐車場の車いすスペースに駐車しない
・点字ブロックの上にものを置いたり立ち止まらない
・白杖を持った人が見えたらぶつからないようにする
・移動階が1～2階くらいのときに安易にエレベーターを使わない

②積極的に移動や行動を手伝うとともに、周囲にも呼びかける役割

　駅や街中で障害者が困っていたら、恥ずかしがらず積極的に「何か

お手伝いすることありますか？」と声をかけてください。

　そして、もし「あっ、大丈夫です」と言われたら、「では気をつけて」と答えればいいし、「では○○をお願いします」と言われたら、そのことをすればいいわけです。その際、自分一人だけでは無理そうであれば、周囲の人にもお手伝いを頼んでください。すでに一人手伝っている人がいると、周囲の人の協力は得やすくなります。

　また、駅や道路などで危ない場面に遭遇したら、躊躇せずに大声で「危ない！」「とまって！」等、とりあえず声を出してください。その言葉でホームに転落することなく命拾いした例があります。

③課題を提起したり改善運動等に協力する役割

　前記の①②のように、日常生活のなかでできることとともに、民生委員には、より積極的にバリアフリーの推進に協力する役割も期待されます。民生委員や民児協が独自に問題を提起することは難しいでしょうが、例えば、障害者団体が行う地元のバリアフリー点検を一緒に行ったり、バリアフリーマップ作りに協力することで、結果的にバリアフリーに取り組んでいない事業者に取組みを促す効果が期待できますし、民生委員自身の学びにもつながります。

　バリアフリーというと、どうしても段差や障害者が使いやすいトイレや手すりの整備などに目が行きがちですが、それらとともに、特に街中にある掲示物にも注目してください。視力の弱い人にとっては、文字が小さすぎたり、色のコントラストがわかりにくいなど、さまざまな問題に気づくことがあります。

　また、前述のバリアフリー法の概要のなかの「重点整備地区の総合的なバリアフリー化」のところで言及しましたが、住民の側から基本構想の策定を市町村に提案することが可能です。該当する地域は限られますが、障害者団体などと連携して取り組むことも考えられます。

# 14 虐待の防止

障害者虐待を防止するためにどのような制度や取組みがありますか。民生委員としてどのようなことができますか。

障害者虐待を防止する制度として、「障害者虐待の防止、障害者の養護者に対する支援等に関する法律」（2012（平成24）年10月施行、以下、「防止法」）があり、虐待の内容や、見つけた場合の通報義務、対応や未然に防止するための関係者の義務などが定められています。

民生委員には、虐待防止のために家族の話し相手になったり、サービス利用や当事者団体への参加を勧めるなど、防止法の名称にもある「養護者に対する支援の役割」とともに、実際に虐待を発見したり、住民から情報提供があった場合に、速やかに「関係機関に連絡する役割」の2つの役割が期待されます。

### 防止法の概要

### 1. 虐待を行う者に着目した3つの分類

①養護者による虐待

養護者とは、障害者の介助や身のまわりの世話、金銭管理などを行っている家族や親族などをいいます。

②障害者施設従事者等による虐待

障害者施設従事者等とは、障害者施設や在宅サービス事業所、訓練

施設の職員などをいいます。

③使用者による虐待

使用者とは、障害者を雇っている事業主やそれと同様の立場で障害者に接している経営担当者などをいいます。使用者に関する規定は児童虐待防止法や高齢者虐待防止法にはなく、就労している障害者が虐待を受けやすい環境にいることを踏まえて規定されたものです。

## 2. 虐待の種類

防止法は、障害者を対象とする次のような行為を虐待としています。

**虐待となる行為**

| | |
|---|---|
| 身体的虐待 | 殴る、蹴る、つねる、無理やり食べ物を口に入れる、やけどさせる、縛る、監禁する等、暴行を加えたり正当な理由なく自由を奪うこと等の行為 |
| 心理的虐待 | どなる、ののしる、悪口を言う、仲間に入れない、子ども扱いする、無視する等の心理的外傷を与えるような言動 |
| 性的虐待 | 性的行為や接触を強要する、目の前でわいせつな会話や行為をしたり映像を見せる、裸になる等の行為 |
| 放棄、放置 | 食事や水分を与えない、入浴や着替えをさせない、排泄の介助をしない、掃除をしない、病気やけがをしても受診させない、第三者による虐待を放置する等の養護を著しく怠る行為（「ネグレクト」という場合もあります） |
| 経済的虐待 | 年金や賃金を渡さない、生活に必要不可欠な金銭を渡さない、本人の同意なしに財産を処分する等の財産の不当な処分や不当に財産上の利益を得る行為 |

## 3. 通報義務と対応

①通報義務

虐待は、本人が第三者に訴えることができない状況で行われることが多いことから、周囲の協力、通報が不可欠です。防止法第7条は、障害者虐待を受けたと思われる障害者を発見した者は、速やかに市町村に通報しなければならないことを定めています。

通報にかかわるこの規定には次の2つの重要な点があります。

第一に、「虐待を受けた障害者」ではなく「虐待を受けたと思われる障害者」を発見した者に通報の義務が課されていることです。つまり、直接目撃をしていなくても、そう思われる場合には、躊躇なく通報すべきだということです。仮に間違っていても、責任を問われることはありませんし、個人情報保護の点で問題となることもありません。

第二に、通報する先は市町村だということです。このことからもわかるように、障害者虐待の対応の一義的責任は、市町村にあります。

②虐待の対応と防止

市町村は、養護者による虐待の通報を受けた場合、家庭を訪問して速やかに安全確認や立入調査をし、必要に応じて、一時保護をしたり面会制限をする、さらに成年後見制度の利用の審判を申し立てるなどの支援を行います。障害者施設従事者等による虐待の通報を受けた場合は、都道府県とも協力しながら、もともと法に基づいてもっている施設運営に関する調査や指導権限等を用いて必要な対応を行います。

また使用者による虐待に対しては、各都道府県にある労働局や労働基準監督署が必要な対応や指導を行います。

③虐待予防の取組み

市町村には、「障害者虐待防止センター」を設けて虐待防止のための相談、指導、助言、啓発活動等を行う義務が課せられています。

## 障害者虐待の現状

### 1. 虐待の実態

国が行った調査によると2017（平成29）年度の養護者および障害者福祉施設従事者等による障害者虐待の状況は次の表のようになっています。

**障害者虐待の状況（2017年度）**

| | 養護者による<br>障害者虐待 | 障害者福祉施設従事者等<br>による障害者虐待 |
|---|---|---|
| 市区町村等への<br>相談・通報件数 | 4,649件<br>（4,606件） | 2,374件<br>（2,115件） |
| 市区町村等が虐待<br>と判断した件数 | 1,557件<br>（1,538件） | 464件<br>（401件） |
| 虐待を受けた人数 | 1,570人<br>（1,554人） | 666人<br>（672人） |

※上記の（　）の中の数字は2016（平成28）年度の調査結果です。

　また、2017（平成29）年度に都道府県労働局が把握した「使用者による障害者虐待」は、597事業所（前年度581事業所）で、計1,308人（前年度972人）の障害者が何らかの虐待を受けていました。

## 2. 虐待予防の課題

　前述の通り、障害者虐待がほぼ毎年増え続けていることが調査結果からわかります。障害者が、「虐待を受けている」「施設で虐待を受けている」と自ら訴えることは相当な勇気がいります。また、周囲の人も自分の不利益を考えて通報を躊躇することも考えられます。その点では、この数字は実態より少ない数字と考えるべきでしょう。

## 障害者虐待の防止と民生委員に期待される役割

### 1. 虐待やそれに類する行為をしない

　民生委員に限らず何人も虐待をしてはいけないことは当然ですが、意図的ではなくても、例えば、成人の障害者に対し、子ども扱いした呼び方や接し方をするなど、尊厳を傷つけるような行為をしていることはないでしょうか（わかりやすく話すことと、子ども扱いすることは違います）。このような行為が直ちに虐待になるかどうかはともかく、障害者の尊厳を重んじる姿勢をもちながら活動することが何より

も大切です。そのためには、日頃から自分の言動が障害者にどのように受け止められるかということを意識しておく必要があります。

## 2. 予防につながる家族支援の活動をする

障害者のいる家庭では、一般に家族が障害者を介護し、生活を支えていますが、そのなかで疲弊したりストレスをため込んだりすることは少なくありません。そして、そのストレスが限界を超えると、場合によっては虐待が起こることも考えられます。

一応、障害者施策には介護者の負担軽減のためのサービスもありますが、質・量とも十分とはいえず、また、それらのサービスだけで介護者の抱える悩みや不安、ストレス等が解消したり解決するわけではありません。さらに、そもそもそれらのサービスを利用していない場合もあります。

そこで、民生委員には家族を支援するために次のような役割が期待されます。

①介護等をしている家族の話を聴く

民生委員としてまずできることは、家族の話を丁寧に聴いて、その大変さや苦労を受け止め、理解するよう努力することです。自分の大変さや苦労を受け止めようとしてくれる人、話を真剣に聴いてくれる人が近くにいることは、それだけで少し苦労が報われたり、気持ちが落ち着く場合があり、何よりも孤立感をもたないことにつながります。間接的かつ遠回りのようですが、民生委員として家族の話を真剣に聴くことは大切な役割です。

②必要に応じてサービス利用を勧める

サービスの利用は、障害者本人の自立や介護者の負担軽減の効果があるとともに、家族が外部の専門職と接点をもつことで不安を抱え込まないようにしたり、万が一、虐待の徴候がみられた場合に、より早

く関係者が気づき対応できるという効果も期待できます。
③親の会などの組織を紹介する
　障害者の親同士が情報交換したり、行政に要望を出したり、本音で語り合う場にもなっている「親の会」等の組織がそれぞれの地域にあります。それらの組織に参画することで、親同士でなければわからない話ができたり、本当に必要で身近な情報が得られるなどの効果が期待できます。

## 3. 虐待の発生を知ったらためらわずに通報する

　虐待の発生は、民生委員自身が直接知る場合と、周囲からの連絡によって知る場合がありますが、どの場合でも、ためらわずに市町村の担当に連絡する必要があります。仮に間違っていても責任を問われることはありません。なお、前述の「通報義務と対応」のところでも述べましたが、防止法では「虐待を受けたと思われる」場合にも通報義務を課しているので、直接目撃していなくても、そう思われることがあれば通報する必要があります。

## 4. 障害者施設で起こる虐待と民生委員に期待される役割

　近隣の家庭で起こる虐待でも近所の人はなかなか気づきにくいわけですから、障害者施設のなかで起こる虐待に民生委員が気づくことはかなり困難です。ただし、多くのボランティアを受け入れたり、近隣住民との交流が盛んな開放的な障害者施設では、通常、虐待は起こりません。虐待防止を目的としてということではなく、障害者と交流して理解するためにも、積極的に障害者施設を訪問し交流することが期待されます。

# 15 判断能力が低下した人の財産や権利を守る成年後見制度

成年後見制度が障害者の財産の保護や権利を守るうえで有効だと聞きますが、そもそもどのような制度でしょうか。民生委員としてどのようなことができますか。

成年後見制度は知的障害者等の判断能力が不十分な人に対し、家庭裁判所が必要性を判断して後見人などの支援者をつけることで、障害者の財産や権利を守る制度です。民生委員としては、制度の概要や利用相談窓口を知っておき、必要な場合に情報提供できるとよいでしょう。また、支援する障害者に成年後見人等がついていれば、本人だけでなく成年後見人等と連絡を取ることで対応がスムーズに行く可能性が高まります。

## 成年後見制度の概要

### 1.「成年であるが法的な面で支援が必要な人」のための制度

民法で「成年」というと「法律上一人前である」ことを意味します。つまり、未成年とは異なり、成年になれば、保護者（親等）の承諾がなくても、自分の意思だけで商品購入契約やレンタル契約などの法律行為をすることができ、法律上有効とみなされます。

しかし、成年には、知的障害、精神障害者、認知症高齢者など判断能力が低下している人もおり、なかには、必要のないリフォーム工事の契約をさせられたり、着る機会のない着物を買わされている人がい

ます。このような場合まですべて成年だからということで契約を有効にすると、いずれ本人の財産がなくなり、困ることになります。

　そこで、成年後見制度では、支援する人に対して、契約等の法律行為を後から取り消しできる権限（取消権）や、本人に代わって契約などを結べる権限（代理権）等を付与することで、判断能力の低下している成年の法的な権利を守ることができるようにしています。

### 2. 成年後見制度を使える人

　成年後見制度を使う人は、一般的に、知的障害者、精神障害者、認知症の高齢者等のなかに該当する人が多くいますが、例えば、療育手帳（知的障害者）や精神障害者保健福祉手帳などの所持や、要介護度がいくつ以上といった一律の条件はありません。あくまでも、家庭裁判所が一人ひとりの状態を調査して実態に応じて利用の必要性を判断します。

　また、判断能力の低下といっても、一人ひとりその程度は異なります。そこで、成年後見制度では、判断能力の低下の程度によって、後見、保佐、補助の3類型があり、それぞれに支援する人がもつ権限が異なります。

### 3. 支援をする人とその人に付与する権限

　成年後見制度では、支援する人を3類型に応じてそれぞれ成年後見人、保佐人、補助人と呼びます（以下、「成年後見人等」）。成年後見人等は家庭裁判所の審判によって選ばれますが、特に資格要件や家族であること、といった条件はありません。身内でも他人でも構いませんが、家庭裁判所の権限で適任者を選ぶので、自分がやりたいと名乗りをあげれば誰でもなれるということではありません。親族が選ばれる場合もあれば、弁護士や社会福祉士などの専門職が選ばれる場合もあります。

成年後見人等に対しては、類型に応じて、次の権限が与えられます。
①代理権＝本人に代わって契約等の法律行為ができる
②取消権＝本人の行った法律行為を後から取り消しできる
　　　　（ただし、日用品の購入等日常生活に関することは除く）
③同意権＝本人が行う法律行為に同意することで法的に有効にする

### 成年後見制度の3類型の名称と後見人等の権限等

| 類　型 | 補　助 | 保　佐 | 後　見 |
|---|---|---|---|
| 本人 | 被補助人 | 被保佐人 | 成年被後見人 |
| 支援する人 | 補助人 | 保佐人 | 成年後見人 |
| 本人の意思能力 | 精神上の障害により事理を弁識する能力が不十分な人 | 精神上の障害により事理を弁識する能力が著しく不十分な人 | 精神上の障害により事理を弁識する能力を欠く常況にある人 |
| 取消権の付与 | 民法第13条第1項※に規定する行為のうち、家裁が定めた行為 | 民法第13条第1項※に規定する行為 | 日常生活に関する行為以外のすべての法律行為 |
| 代理権の付与 | 申立の範囲内で家裁が定めた特定の法律行為 | 申立の範囲内で家裁が定めた特定の法律行為 | 財産に関するすべての法律行為 |

※民法第13条第1項に規定する行為とは、預貯金の出し入れ、金銭や不動産の貸し借り、保証人になること、訴訟を起こすこと、贈与すること、家の新築や増改築、相続の承認などをいいます。

## 成年後見制度を利用するまでの手順

「成年後見制度を利用するとよさそう」という人がいた

→ 利用について本人や家族と話したり関連機関などに相談する
- 相談機関＝市町村、社会福祉協議会、弁護士会、司法書士会、社会福祉士会、家庭裁判所などこの段階では誰が相談しても構わない。

→ 家庭裁判所に成年後見制度の利用に関して申し立てる人を決める
- 申立てができるのは本人、家族、4親等内の親族等。家族や親族がいない場合等は市区町村長も申立てが可能。

→ 申立て方法を決め必要な書類等を準備する
- 申し立てる人自身が行うことができるが、困難な場合は弁護士や司法書士等に依頼する方法もある。ただし、その場合は報酬が必要となる。
- 申立書や戸籍謄本などを提出。

## 家庭裁判所に申し立て、審理が行われる

- 家庭裁判所の調査官が本人の状態を確認したり、申立人や家族に状況を尋ねる（場合によっては裁判官が本人や申立人に直接事情を聞くこともある）。
- 本人の判断能力について確認する書類として、原則として、「補助」「保佐」「後見」は鑑定書の提出が必要。診断書や鑑定書の費用は原則として申し立てた人が負担。

→

## 家庭裁判所が審判をする

- 「審判」によって、「補助」「保佐」「後見」のどの類型の支援を行うのか、誰が支援をするのか（後見人等に誰がなるのか）を決定する。
- 補助を利用する（補助人を付ける）場合は本人の同意が必要になる。
- 保佐を利用する（保佐人を付ける）場合は、代理権の付与に関しては本人の同意が必要になる。

→

## 後見人等による支援が始まる

## 🍀 成年後見制度の利用と民生委員に期待される役割

### 1. 積極的に成年後見制度の利用を勧める

　成年後見制度は少しずつ知られるようになりましたが、まだまだ利用が十分行き渡っているとはいえません。利用手続きは関係機関が教えてくれますし、所得が低い場合、費用補助制度もあります。成年後見制度を利用することで財産が守られた事例はいくつもあります。財産の多少にかかわらず、契約などの面で援助をしてくれる人が周囲にいない障害者等がいる場合には、本人や家族等に利用を勧める役割が民生委員に期待されます。

### 2. 利用したほうがよいと思われる場合、市町村や社協等に連絡する

　成年後見制度を利用したほうがよいと思われる障害者等がいても民生委員に一定の知識がなければ、利用によるメリット等について話すことは難しいでしょう。また、利用に際し家族間の利害対立が絡むような場合もあります。そこで、民生委員としてはそのような場合には、速やかに市町村や社協等に連絡をして、成年後見制度の説明をして利用を勧めてもらうとともに、現に権利侵害のおそれがある場合には、当面の対応策を至急講じてもらうように要請することが大切です。

### 3. 成年後見制度を利用しても見守りなどは不要にならない

　成年後見制度では、法律上の権利は守られますが、後見人等が日常的な見守りや介護等をするわけではありません。近所の人の出入りや、友人との交流が多ければ、悪意の訪問販売員やリフォーム業者などを遠ざけることができます。その点では、民生委員や近隣のネットワークによる見守りなどの必要性は成年後見制度利用開始後も変わりません。後見人等と連携しながらの見守り活動が期待されます。

### 4. 成年後見制度の利用に関する相談窓口や機関

　市町村、社会福祉協議会、弁護士会、司法書士会、社会福祉士会、家庭裁判所などが相談に応じています。

# 16 日常の金銭管理が不安な人を支援する 日常生活自立支援事業

軽度の知的障害のある青年が仕事をしながらアパートで一人暮らしをしていますが、最近、誰かにおごらされたり、「プレゼントしてほしい」と言われて、強引に買い物の代金の支払いをさせられているようです。何か歯止めになる方法はないでしょうか。

このような場合に役立つ制度して、社会福祉協議会（以下、「社協」）が行っている日常生活自立支援事業（以下、「自立支援事業」）があります。自立支援事業は、貯金通帳等を社協が保管し、必要な現金だけ下ろして届けるなどの財産管理を行います。

民生委員は、自立支援事業の担当者と連携して障害者を支援をしたり、この事業を利用したほうが良いと思われる障害者等がいた場合に本人に事業のことを紹介したり、社協につなぐ役割が期待されます。

### 🍀 自立支援事業の概要

本人が状況を正確に理解しておごるのであれば、他人が口出しすることではありません。しかし、知的障害等があり、よくわからずにおごって（おごらされて）いたり、プレゼントをして（させられて）いるとしたら、何らかの歯止めや牽制が必要です。といっても、知的障害が軽度であり、一定の判断能力もあって自活しているとすれば、成年後見制度を利用するほどではないと思われます。

このような場合に活用できるのが自立支援事業です。成年後見制度はお金の使い道を本人ではなく他者（成年後見人等）が本人に代わって決める制度ですが、自立支援事業はあくまでも本人が使い道を決めます。その点が成年後見制度と大きく異なります。一方で、後述するようにそこに社協職員がかかわることで、歯止めや悪意の第三者に対する牽制機能を果たすことができるのが自立支援事業の特徴です。

## 自立支援事業が利用できる人

　自立支援事業は、福祉サービスの１つであり、本人と社協の契約によって利用します。そのため、利用者は、この事業による支援を必要とし、かつこの事業の内容が概ね理解できる程度の判断能力のある人に限定されています。具体的には、軽度の障害がある知的障害者や精神障害者、加齢により判断能力が一部低下している高齢者等が主な利用者になっています。

　仮に、すでに判断能力がかなり低下している場合、利用契約はできませんが、その人が成年後見制度を利用していれば、その後見人等と社協が契約を結ぶことで自立支援事業を利用することができます。

## 自立支援事業の支援内容と効果

### 1. 支援内容

　自立支援事業では次のような支援が行われます。

> ①福祉サービスの適切な利用や苦情を申し出る場合の支援
> ②住民票の届け出や介護保険の更新手続きなどの支援
> ③預貯金の預け入れや払い出し、公共料金の支払い等
> ④定期預金証書や権利証等の保管

　このうち、支援の中心になっているのは③を内容とする日常的金銭管理です。日常的金銭管理では、本人と社協の契約に基づいて、社協

が保管している貯金通帳から、例えば、「隔週の月曜に３万円を下ろして本人に届ける」というサービスが行われています。

## 2. 事業利用の効果

　日常的金銭管理サービスを利用すると、本人の手元に貯金通帳や多額の現金がないので、仮にたかりや詐欺などに遭っても被害金額が多額にならずに済みます。また、急に「多額の現金が必要になったので持ってきてほしい」と本人から社協に連絡があれば、当然、社協の職員はその理由を尋ねるので、振り込め詐欺等の被害を未然に防ぐことができ、実際にそのような事例が報告されています。

### 利用方法と利用料

　利用を希望する場合は、まず地元の社協に相談します。都道府県ごとに実施体制が異なり、小規模の町や村の社協ではこの事業を実施していない場合がありますが、その場合は隣接市の社協が担当することになっているので、どの市町村に住んでいても利用はできます。

　利用料は都道府県ごとに異なりますが、概ね１時間（あるいは１回）あたり1,000円程度で、低所得者は無料になります。

### 自立支援事業の活用と民生委員に期待される役割

　かつて金銭管理に不安がある独居の障害者や高齢者がいると、離れて住んでいる家族から頼まれて民生委員が財布を預かる事例がありました。自立支援事業ができたことで、「そのようなときに社協に頼むことができるようになり助かった」という声をベテランの民生委員から聞いたことがあります。民生委員は当然、金銭面にはかかわらないほうがいいので、必要があれば、この事業の利用を積極的に勧めるとよいでしょう。また、施設や病院の利用者も自立支援事業を利用できるので、「施設や病院で通帳を預かると言われていて不安だ」という人がいた場合には、本事業を紹介するとよいでしょう。

第 **3** 章

# 障害のある人の特性と支援の基本を知る

- 17　知的障害のある人に対する支援
- 18　身体障害のある人に対する支援
- 19　精神障害の理解と統合失調症の人に対する支援
- 20　うつ病の人に対する支援
- 21　発達障害のある人に対する支援
- 22　アルコール依存症の人に対する支援
- 23　さまざまな依存症状のある人に対する支援

### 第3章を読んでいただくにあたって

本章では、障害の種別ごとに基本的事項を解説しますが、各項目には「活用可能な相談支援機関」の記述があります。ただし、次の機関は、どの障害にも関係することから個別の項目では紹介していません。

1. 市町村（行政）の窓口
   どのような内容でも対応してくれる相談機関です。
2. 教育委員会（就学に関する相談支援機関）
   通常、小学校、中学校にかかわることは地元市町村の教育委員会が、高校にかかわることは都道府県の教育委員会が対応します。また、それぞれの学校でも相談に応じています。
3. 就労に関する相談支援機関（主に次の2つ）
   ①ハローワークは、障害者の職業紹介や職業指導等を行っています。
   ②一定の要件を満たした社会福祉法人等が運営する障害者就業・生活支援センター（全国で約330か所）は、就業と生活の両面にわたる相談支援を行っています。
4. 相談支援事業所
   市町村から委託を受けた社会福祉法人などが、障害者のためにサービス等利用計画を作成したり、施設や病院から退所（退院）する障害者の支援やその後の地域生活継続のための支援などを行っています。相談の内容に応じて、指定一般相談支援事業所、指定特定相談支援事業所、指定障害児相談支援事業所があります。
5. 成年後見制度の利用に関する相談支援機関
   法的な権利を擁護する必要性がある場合、一定の手続を経て成年後見制度を利用できます。市町村のほか、家庭裁判所、弁護士会、司法書士会、社会福祉協議会などが相談に対応しています（詳細は問15参照）。
6. 近隣の障害者福祉施設
   障害者福祉施設には、障害者福祉に詳しい専門職がいます。その施設が提供するサービスの対象になるかどうかはともかく、とりあえず障害者福祉や支援に関して相談をすれば、何らかの情報提供や紹介などが受けられるでしょう。

# 17 知的障害のある人に対する支援

近所に両親と暮らしている知的障害のある青年が住んでおり、道で会ったときには気軽に挨拶を交わしています。特にそれ以上の関わりや支援を求められてはいませんが、例えば、災害時のことなどを考えると、知的障害のある人たちの特性やコミュニケーションの方法などを具体的に知っておきたいと思います。

POINT

知的障害の原因や障害の程度はさまざまですが、適切な教育や支援を受ければ、知的障害者は円滑な社会生活が可能です。しかし、現実には差別されたり搾取される例が後を絶ちません。民生委員は、先入観をもつことなく接し、本人や家族と信頼関係を築くとともに、知的障害者が地域社会のなかで安心して暮らせるように周囲の理解を促進する役割や、差別や虐待や搾取等を受けていることを知った場合に関係機関に通報する等の知的障害者の権利を擁護する役割等が期待されます。

答え

## 知的障害のことを知る

### 1. 知的障害の基本的理解

　知的障害者福祉法には、知的障害に関する定義はありません。しかし、施策や統計調査等を行ううえでは何らかの定義が必要です。そこで、厚生労働省は「知的機能の障害が発達期（おおむね18歳まで）にあらわれ、日常生活に支障が生じているため、何らかの特別の援助

を必要とする状態にあるもの」との定義を使用しています。

このような状態にある人が制度が定義する知的障害者になりますが、この定義には次の3つのポイントがあります（なお、ここでは18歳未満の知的障害児も含めて知的障害者と記述します）。

①18歳までに障害が現れる

子どものうちに知的な障害がわかる（現れる）場合が知的障害者です。つまり、高齢になって認知症等が原因で知的な面での障害が生じても、その人は知的障害者とは呼ばないということです。

②知的機能に障害がある

知能検査による知能指数が概ね70（または75）以下が目安になっています。

③日常生活に支障が生じ、特別な援助が必要である

上記①②に加え、日常生活や社会生活に具体的に何らかの支障や不都合が生じ、特別な援助が必要な人が知的障害者になります。

## 2. 知的障害の原因

原因不明な場合も多くありますが、発生時期で分類すると、大きく次の3つの時期に分かれます。

| 時期 | 原因として考えられること |
| --- | --- |
| 出生前 | ・母体が受けるダメージ（感染症、毒物、アルコール等）<br>・子どもの先天的原因（遺伝子や染色体の異常等） |
| 出生前後 | 出産時に起こる頭蓋内出血やへその緒のねじれ等で脳に酸素が行かなくなる等のトラブル |
| 出生後 | 事故による頭部の損傷、乳幼児期に受ける虐待や不適切な養育環境等 |

ただし、上記のことがあれば必ず知的障害が起こるとは限りません。

## 3. 知的障害の特性
### ①言葉の遅れ
　個人差はあるものの、概ね1歳半くらいになっても言葉が出ない場合、知的障害の可能性があります。ただし、原因が聴覚障害の場合や、発達障害等が原因の場合も考えられます。また、言葉が出てこなくても、こちらが話している言葉の意味が理解できているようであれば、いずれ言葉が出てくると思われます。

　言葉の発達に遅れが生じても、軽度あるいは中等度程度であれば、適切な環境や条件があれば、基本的な言葉を覚えることは可能です。
### ②言葉の理解が難しい
　今、見えているものを中心に理解をするので、抽象的な概念やルールや約束といった見えないものを理解することは苦手です。
### ③記憶したことを貯めておくことが難しい
　（ア）一度に記憶しておける量が少ない

　そのため、一度にたくさんの情報を提供したり指示をした場合、その一部しか記憶できません。

　（イ）記憶したことを覚えていられない

　そのため、聞いた時点では内容を理解できていても、少し先の約束や、同時に複数言われた場合の片方は忘れてしまいます。
### ④身体的な困難
　知的障害に伴って運動障害がみられることがあります。例えば、バランスが取りにくくふらついたり転倒しやすかったりすることがあります。また、関節の動きがぎこちなかったり、うまく座れなかったり、さらに細かな作業（ボタンをとめる、靴ひもを結ぶ等）が苦手など、身体機能の面でもさまざまな症状が現れることがあります。これらの症状は、成長とともにある程度改善する可能性があります。

## 知的障害者とのコミュニケーションと支援の基本

### 1. 大切なこと

　知的障害者に対する支援で大切なことは、「知的障者＝何もわからない人、記憶ができない人、何を言っても通じない人」といった間違った決めつけをしないことです。知的障害者は、健全な環境で育ち、適切な支援や教育を受ければ、いろいろなことができる可能性をもっています。その可能性を信じ、高める方向で接することが大切です。

　ここで一つの事例を紹介します。

> 　子どもの頃から入所施設で暮らしていた知的障害のあるA子さんが成人になり、アパートで一人暮らしをしたいということで、自立生活のための訓練を受け始めました。さまざまな知識や技術を覚える必要がありますが、課題の一つに「部屋を出るときに鍵をかけること」がありました。
> 　なぜA子さんは鍵をかけることができなかったのでしょうか。それは、施設暮らしの長いA子さんは、鍵をかける経験が全くなかったからです。決してA子さんが知的障害者だからではありません。まったく鍵をかける経験がなければ、鍵をかけることができなくて当然でしょう。
> 　その後、A子さんは訓練棟の個室を使いながら外に出るときに繰り返し教えてもらうことで、部屋を出るときに鍵をかける習慣をきちんと身につけることができました。

　この事例からわかることは、「知的障害者だからできない」のではなく、「知的障害者は、適切な環境のもとで支援や教育を受ければ、いろいろなことができるようになる」ということです。

### 2. 早期発見・早期対応が有効

　出生時に知的障害がわかることは少なく、乳幼児健診の際に「遅れ

を感じる」「気になることがある」といったことから、専門の診断を経てわかることがあります。早期発見には保護者が健診の重要性を理解し、参加するように支援することも大切です。

## 3. 特性に応じた支援（配慮）
### ①「言葉の遅れ」や「言葉の理解が難しい」に対する配慮
　言葉を覚えたり理解するためには、周囲の配慮が必要です。見えるものであれば具体的に実物を見せる、写真や動画などを使う、指で差し示す、なるべく抽象的な言葉を使わずわかりやすい言葉を使う、動作や身ぶりなどを交えて記憶に残りやすいように話す、等が大切です。
### ②「記憶したことを貯めておくことが難しい」ことに対する配慮
　「食事の前には手を洗い、食後は歯磨きをしましょう」というようにいくつかの動作をまとめて言うのではなく、「手を洗いましょう」「食事をしましょう」「歯を磨きましょう」というように、なるべくその場その場で一つ一つ言うようにします。

　また、すぐに忘れてしまうような記憶でも、繰り返すことで覚えることができる場合があります。例えば、働いている知的障害者で勤務先まで公共交通機関で通勤している人がいますが、その場合、何度も同じルートを家族や支援者と通うことで、いわば体に染みついたような感じで通勤ルートを記憶しています。いったん覚えれば、忘れることはほとんどありません。

## 4. 成長に伴って生活上の課題は変化する
　成長や発達のペース、障害の重さ、また、本人や家族の選択などにより異なりますが、知的障害者は、成長とともに概ね次のような課題が人生の各時期に起こります。
### ①乳幼児期
　知的障害に早期に気づくことが大切です。早く知的障害に気づけば、

それだけ早期の専門的支援や対応が可能になります。行政の行う各時期の健診を受けることが重要です。

## ②就学前の時期

言葉や基本的な生活動作を身につける時期です。そのための訓練施設などがあるので、積極的に活用することが大切です。

## ③小学校、中学校

地域の小学校に行くか、特別支援学校に行くか等、本人に適した学習の場を考える時期です。その後は、入学した学校で基本的な生活習慣や集団生活で必要なことを身につけられるか、知識を修得できるか、友達ができるか等、さまざまな期待とともに課題も生まれます。

## ④義務教育終了後（進学、就職等）

中学までは義務教育ですが、その後は選択になります。他の多くの中学３年生と同様に、高校か特別支援学校の高等部に進学する例が増えています。入学試験のハードルを無事越えても、入学後は安全な通学や、授業についていくこと等さまざまな課題が生じます。また、高校に進学せずに就労や職業訓練等が選択肢になることもあります。

## ⑤成人以降

自立するためにアパートで一人暮らしをしたり、グループホームで暮らしたりする場合もあれば、親元で暮らし続ける場合もあります。いずれにしても、ノーマライゼーションの観点にたてば、なるべく自分でできることは自ら行って生活を主体的に組み立てていくことが大切です。結婚や出産や子育てをすることもありますし、もし親元で暮らし続けている人の場合には、先々親が高齢になれば、「親亡き後」のことも考える必要が生じます。このように、学校を卒業して以降の生活は、選択の幅や可能性が拡がる一方、それまでよりも個人差が大きくなります。

## 🌱 活用可能な相談支援機関

### 1. 児童相談所

　都道府県と指定都市などが設置します。知的障害のある児童（18歳未満）の専門的な相談は基本的に児童相談所が対応します。

### 2. 知的障害者更生相談所

　都道府県が設置し、さまざまな専門職が配置されており、医学的、心理学的または職能的判定を行うとともに、専門的立場での相談、助言、指導などを行っています。

### 3. 知的障害者相談員

　知的障害者の保護者や養育経験者などが、市町村長または都道府県知事の委託を受けて、民間の立場から知的障害者の本人や家族の相談に応じます。サービス利用の手続きをする等の公的な権限はありませんが、当事者や家族の立場にたってサービス活用のアドバイスや具体的に役立つ地域の情報の提供などを行っています。

### 4. 親の会

　かつて知的障害児の母親たちが中心となって通称「手をつなぐ親の会」を結成し、その後、名称変更を経て「全日本手をつなぐ育成会」が知的障害者のためにさまざまな事業を行ってきました。現在は各都道府県にある「手をつなぐ育成会」が中心となって事業を行っています。

### 5. 本人の会

　以前、知的障害者は指導や支援の対象であり、自らが意見を言ったり決定に参画する場面はほとんどありませんでした。しかし、当事者主権の考え方が広まるにつれて、知的障害者が中心となった本人の会が各地で結成され活動するようになりました。同じ障害をもつ立ち場で相談事業に取り組んでいる組織もあります。

## 民生委員に期待されること

### 1. 良き理解者、協力者となるように努める

　知的障害者自身は日々の暮らしのなかでさまざまな生きづらさを感じているでしょうし、その親もさまざまな場面で苦労し、将来に対しても不安を抱えているでしょう。もちろん、一方では本人も親も喜びや楽しみなどももっているでしょう。それらの心情を他人である民生委員が全部理解できないとしても、民生委員としては、「あなたたちのことを気にかけている、もし必要なことがあれば手伝いますよ」というメッセージを送り続けることには意味があります。

### 2. 周囲の人の理解を拡げる

　支援の基本のところで述べたように、知的障害者は適切な環境があればさまざまな能力を伸ばすことが可能です。その可能性を拡げるためには、本人が地域に出て行くときに萎縮することがないように、近隣住民が偏見をもたず、同じ住民として自然に受け入れられるよう民生委員として周囲に対する働きかけをすることが期待されます。

### 3. 権利擁護のための支援

　知的障害者は、身近に支援者がいない場合、不当な契約を結ばされたり金品をだまし取られるなどの被害に遭う可能性が高まります。問**16**で紹介した日常生活自立支援事業の活用も含め、権利侵害に遭わないように見守ったり、専門機関につなぐ役割が期待されます。

### 4. 家族も支援の対象と考える

　民生委員が支援する場合、家族も対象だということを意識することが大切です。その点で、親の心情を受け止めようと親身に話を聞くことも支援の一つです。また、保護者が知的障害者への対応で忙しいときに、保護者に代わってその兄弟姉妹の遊び相手や話し相手になることも、支援として喜ばれることがあります。

# 18 身体障害のある人に対する支援

身体障害にはいろいろな種類の障害があると聞きますが、具体的にはどのような障害があるのでしょうか。身体障害者とコミュニケーションを取る際の留意点や支援のポイントなどを教えてください。

身体障害には、手・足などの四肢の障害や体幹の障害、視覚障害、聴覚障害等、障害の部位や態様によってさまざまな種類の障害があります。民生委員としては障害の種類や福祉制度等を知ることも大切ですが、日常的に身体障害者をまちで見かけたときやイベント等で会ったときに、気軽に声をかけたり、スムーズにコミュニケーションを取るようにすることが大切です。ここではその観点から、コミュニケーションや支援の原則等を中心に紹介します。

## 身体障害の認定と種類

身体障害者福祉法では、身体障害者を、「別表に掲げる身体上の障害がある18歳以上の者であって（中略）身体障害者手帳の交付を受けた者」と定義しています。手帳の交付は、都道府県知事、指定都市または中核市の市長のいずれかが行います。

身体障害者手帳が交付される障害には、①視覚障害、②聴覚または平衡機能の障害、③音声機能、言語機能または咀嚼機能の障害、④肢

体不自由、⑤心臓、じん臓または呼吸器の機能の障害、⑥膀胱または直腸の機能の障害、⑦小腸の機能の障害、⑧ヒト免疫不全ウイルスによる免疫の機能の障害、⑨肝臓の機能の障害、があり、それらの障害が一定期間以上継続することが、身体障害者手帳の交付の要件になっています。なお、これらの障害が重複している人もいます。

　身体障害者総数428万7,000人のうち、65歳以上が311万2,000人（72.6％）を占めており、年々高齢者の割合が増えています。また、障害の種類ごとの人数は次の表の通りです。

**障害の種類別にみた身体障害者手帳所持者の人数（千人）**

| 総数 | 視覚障害 | 聴覚・言語障害 | 肢体不自由 | 内部障害 | 重複障害 |
| --- | --- | --- | --- | --- | --- |
| 4,287 | 312 | 341 | 1,931 | 1,241 | 761 |

※平成28年12月厚生労働省推計。総数には障害の種類不明を含む。重複障害は再掲。

　以下では、身体障害者のうち、肢体不自由、視覚障害、聴覚・言語障害の3つの障害を取り上げて解説します。

## 🌱 身体障害者の基本的理解

### 1. 肢体不自由

#### ①肢体不自由の基本的理解

　前述のように、近年は高齢者の割合が増えていることから、肢体不自由になった原因では、加齢や病気などの割合が多くなっていますが、これ以外にも、事故、災害、出生時の損傷などの原因があります。

　肢体不自由者は、個々に不自由な部位の場所（手、足、体幹等）や障害の程度が違います。また、障害を負った時期（年齢）やその後受けた教育や訓練等によっても状態は変わります。日常生活にあまり支障がない人もいれば、生活全般に継続して介護が必要な人もいます。

なお、通常、障害は固定している状態を言いますが、例えば、進行性筋ジストロフィーのように進行するものもあります。

### ②肢体不自由者の困難

手や指に障害があれば、日常生活のあらゆる場面で困難が生じます。その場合、例えば、右手に障害が生じても左手を使えるように訓練したり、補助具を使ったり、道具を使いやすいように改良することで、ある程度のことが自力でできるようになることもありますが、一方で、それらが難しい人もいます。

足に障害がある場合、障害の部位や程度により、自力で歩行する人、杖を使う人、車いすを使う人、歩行器を使う人、義足を使う人等がいますが、どの場合でも、ちょっとした段差や坂道でも大きな障害になり、危険を伴います。

脊髄（せきずい）を損傷している場合には、手や足が動かないことに加え、感覚がなくなり、例えば、火傷をしてもすぐに気づかない、といったことが起こります。

## 2. 視覚障害

### ①視覚障害の基本的理解

視覚障害とは、視力や視野や色覚等に障害があり、眼鏡等をしても生活に何らかの支障が生じるような状態をいいます。

視力では、全く光を感じないかそれに近い状態を全盲といいます。

視野とは見える角度（一度に見渡せる範囲）のことで、ここに障害が生じると視野が狭くなります。たとえると、いつも目の前に筒があり、その筒を通してしか景色が見えないような状態です。その筒の直径が小さければそれだけ視野が小さく（狭く）なるということです。

色覚とは、色の感じ方のことで、この機能に障害が生じると、色が区別しにくくなります。例えば、「赤と緑」「赤と黒」「ピンクと青」

等の組み合わせがあり、周囲の条件によっても見え方が変わります。

なお、他にも、暗い所で極端に見えにくくなる夜盲(やもう)などがあります。

② 視覚障害者の困難

重度の視力障害の場合、あらゆる場面で困難が生じます。視野に障害があって見える角度が狭い場合は、歩いていて店の前に出ている看板にぶつかったり、段差につまずいたりすることがあります。視野に障害がある人はそれだけでは他者からはわかりにくいので、配慮をしてもらいにくいという問題があります。

また、色覚障害の場合、例えば、色分けした交通機関の標示や、色の違いで区分けしているパンフレットなどが見にくい等の困難が生じることはありますが、自分の色の感じ方を理解できていれば、日常生活に大きな支障は生じません。ただし、航空関連や船舶関連等の一部の業種では、色覚に障害があると、採用を制限される場合があります。

## 3. 聴覚・言語障害

① 聴覚・言語障害の基本的理解

聴覚・言語障害には、母親の妊娠中の病気などで起こる先天性のものと、事故や病気などが原因となって起こる後天性のものがあります。

通常、先天性あるいは乳児期までに聴力を失った場合、話すことはできませんが、一定の年齢以降に聴覚障害者になった場合は話すことができます。また、聴覚に障害はない場合でも、言葉を発する機能に障害があれば話すことができません。一方、高齢になれば難聴になりますが、脳卒中の後遺症等、難聴とは別の原因で言語障害が起こることがあります。このように、聴覚障害と言語障害は必ずしも一体で起こるわけではなく、片方の障害だけが起こることがあります。

② 聴覚・言語障害者の困難

聴覚・言語障害者は、外見的にわかりにくいため、話しかけたのに

無視されたと思われてしまうことがあります。また、次のような困難に直面することから、疎外感を感じたり、人との接触を自分から避けたりすることもあります。

<家の中での困難>

例えば、家族のなかでも通常の会話では団らんに加わることができず、テレビも文字情報がなければ理解できません。老人性難聴で何度も聞き返し、家族から面倒がられることもあります。また、私たちは日常生活上のいろいろなサインを音で知るので、目覚まし時計や電話、インターホン、防災無線の音が聞こえない等の状態は大変不便です。

<家の外での困難>

外出したとき、駅のアナウンス、銀行や病院の呼び出し、クラクション、サイレン、非常ベル等が聞こえなければ非常に不便です。特に電車が遅れているときや災害が発生したときなどは、通常の経験では判断できないので、取り残されたり危険に直面することがあります。

<仕事での困難>

仕事では、同僚や上司とのコミュニケーションが取りにくい、会議に出ても配慮がなければ話についていけない、仕事にかかわって必要とされる人間関係が円滑にいかない、といった問題が起こります。

<子育てにおける困難>

両親が言語障害者の場合、子どもが言葉を覚えるうえで困難が生じます。また、両親が聴覚障害者の場合、子どもの（泣き）声に気づくことが難しいという問題が起こります。この他にも、例えば、子どもが受診するときや、学校の先生との会話などでも困難が生じます。

## 身体障害者に対する対応と支援の基本

### 1. 肢体不自由

①コミュニケーションの基本

　車いすを使っている人と話すときは、自分がしゃがむ等により目線の高さを合わせる必要があります。立ったまま見下ろすように話すと、相手に威圧感を与えてしまいます。また、言葉が聞き取りにくい場合は曖昧なままにせず、聞き返すなどしてきちんと内容を確認することで、誤解や行き違いを防ぐことができます。

②支援の基本

　車いすに触れたことがある人は多いと思いますが、ぜひ福祉イベント等の機会を見つけて、実際に座って動かしてみて、振動の伝わり方などを体感してください。車いすには、手動型、電動、スクーター型の電動車いす、スポーツ用に改造されたものなどがありますが、ここでは、手動型の車いすを介助するときのポイントを紹介します。

---

**車いす介助のポイント**

・本人に介助の方法や注意点等を確認する。
・タイヤの空気圧を確認する。
・動き出すときや前輪を上げるときなどは本人に声をかける。
・介助者が離れるときには必ずブレーキをかける。
・駅のホームで待つ間はタイヤを線路と平行にして停め必ずブレーキをかける（駅のホームは排水のため傾斜がついている）。
・急角度の坂やスロープを降りるときは後ろ向きで降りる。
・前輪（キャスター）が溝にはまると動けなくなり大変危険なので、その場合には前輪を上げて進む。
・昔は4人で車いすを抱え、階段を上り下りすることがあったが、遠回りでもエレベーターを使うことが鉄則。エレベーターがない場合や緊急時のみ階段を使い抱えて上り下りする。

・未舗装（砂利道等）の道路はできるだけ避ける。やむを得ず通る場合は前輪を上げて走行する。

## 2. 視覚障害

### ①コミュニケーションの基本

会話は可能ですが、「ここ」「あっちのほう」等の言葉は通じません。例えば机の上なら、「右の10センチぐらい奥に……」「9時の位置に」等、具体的に表現します。

話しかけるときは、前から声をかけ、名前がわかる場合は「○○さん」と呼べば、本人は自分に話しかけられていることがわかります。さらに、「民生委員の△△です」と言えば相手は安心します。

### ②支援の基本

視覚障害者の歩行を誘導するときには、本人が望む方法を聞いて行うことが基本ですが、一般的には次のようなことがポイントです。

#### 視覚障害者を誘導（案内）するときのポイント

・街中で困っている様子を見たら、近くに行き、いきなり手をつかんだりせず、「お手伝いしましょうか」等の声をかける。
・誘導するときは、誘導する人の肘の上あたりか肩を持ってもらい誘導する人が視覚障害者の斜め前を歩く。手をひっぱったり、白杖をつかんだり、後ろから押したりすることは危険。
・段差、階段、曲がり角、傾斜等にさしかかったら、その手前で「あと○メートルくらいで階段です」等と具体的に説明する。

## 3. 聴覚・言語障害

### ①コミュニケーションの基本

聴覚・言語障害者とのコミュニケーションには次のような方法があり、その人に合わせることが原則です。ただし、手話や機器が使えな

ければ、筆談や口話や身ぶり手ぶりなどで行うことになります。
＜筆談＞
　中途で聴覚障害になった人に正確に伝えるには一番適した方法ですが、時間や労力がかかり、また、歩行中や作業中は使えません。
＜口話＞
　口の動きや文脈の流れで意味を理解する方法です。口元がしっかり見えるように明るい場所で正面に向き合って話します。不自然に口を大きくあけたり、ゆっくり話すとかえって伝わりにくくなります。
＜手話＞
　早期に聴力を失った聴覚障害者の多くは手話を使います。手話を覚えることは簡単ではありませんが、自己紹介の手話を使えると、それだけでも手話を使う聴覚障害者と距離を近づけることができます。
＜コミュニケーションを助ける機器の利用＞
　電子機器の発達によりさまざまな機器が開発されています。

②支援の基本

　聴覚・言語障害者は、例えば、乗っている電車が急に止まり、車内アナウンスで説明が流れても聞こえません。以前私は、電車内で隣にいた人から実際にメモで尋ねられたことがありました。そのときは、顔を向けて「事故」とだけ言って相手に通じましたが、可能ならメモを書いたほうがよいでしょう。さらに、情報があれば「30分くらいで回復見込み」と具体的なことを書くとなおよいでしょう。

　また、デパートやホール等で火災報知器が鳴り館内放送で避難を呼びかけても、何が起きているのか聴覚障害者にはわかりません。そのときには、身ぶり手ぶりを使って、急いで伝える必要があります。

　聴覚・言語障害者は外見ではわかりにくいため、緊急時に置き去りにされる危険性があることから、周囲に聴覚・言語障害者がいる可能

性があることを意識しておくことも大切です。

　聴覚・言語障害者に対する支援は、その人と円滑にコミュニケーションをとることと同じと言ってもいいでしょう。そこであらためて聴覚・言語障害者とのコミュニケーションのポイントを整理します。

> **聴覚・言語障害者とのコミュニケーションのポイント**
> ①相手の言葉がわからないときは曖昧にせずに聞き返す。
> ②同様に、相手にも「遠慮せず聞き返してください」と伝える。
> ③手話通訳者などではなく本人と向き合って話す。
> ④補聴器を使っている場合、普通の声の大きさで話し始め、「この話し方でいいかどうか」を本人に確認し、必要なら修正する。

## 活用可能な相談支援機関
### ①身体障害者更生相談所
　専門の相談機関として全都道府県と一部の指定都市が設置し、医学的、心理的、職能的な専門的判定を行います。
### ②身体障害者相談員
　自立した生活を送っている身体障害者や家族などが、市町村長や都道府県知事から委託を受け、当事者の立場を活かして相談活動をしています。民生委員と同様に無償の活動です。
### ③当事者組織
　全国規模の団体には、障害の種類ごとに本人や家族の会があり、都道府県にも支部組織などがあります。

## 民生委員に期待される役割
### 1. まちで見かけたときに気軽に声をかけお手伝いをする
　外出時に身体障害者が支援を求めていたら、気軽に「お手伝いすることはありますか」と声をかけてください。そして、お手伝いを頼ま

れたら、できる範囲で手伝ってください。そのような行動を積極的にすることは周囲の人に声かけの重要性を示すことにもなります。

## 2. 可能な範囲でボランティア活動をする

外出支援やレクリエーション等の支援、スポーツや芸術・文化活動の支援、公報や図書の朗読や点訳、障害者施設や作業所等での活動等、いろいろな活動があります。さらに、両親に言語障害がある家族の子どもが言葉を覚えられるように家に通って話をする活動や、両親が身体障害者の子どもの外遊びの相手をするボランティア活動等もあります。可能な範囲でこれらの活動に参画することが期待されます。

## 3. 公的支援につなぐ

公的支援の対象になると思われる人で、利用していない人がいます。知識があり自分の判断で支援を利用していない人はいいのですが、知らないために利用していない場合もあります。そのような場合に、本人に話したり公的機関に話をして対応をしてもらう方法が考えられます。

## 4. 専門的な相談を受けた場合

福祉制度のなかでも障害者に関する制度は特に複雑です。早い段階で、関係の専門機関につなぐことが大切です。その後、必要に応じて「見守る」という関わりをすることが考えられます。

## 5. 本人や家族を当事者組織につなぐ

当事者組織には、本人や家族でないとわからない問題や悩みを共有し、解決できる力があります。もし、具体的な情報などを求めているにもかかわらず、当事者組織とつながっていない場合には、当事者組織を紹介し、参加につなげることが期待されます。

# 19 精神障害の理解と統合失調症の人に対する支援

統合失調症の方が担当地域で一人暮らしをしています。今、支援を求められているわけではないのですが、私はこれまで統合失調症の方を含め、精神障害のある人と個人的にかかわったことが全くありません。接する場合に配慮すべきことなどあれば教えてください。

統合失調症の人が、現在周囲との特段の摩擦もなく一人暮らしを続けているとすれば、すでに病院や保健所や相談支援事業所などの専門機関から適切な支援を受けていると思われます。新たな人間関係は緊張を生みマイナスになることもあるので、現時点ではこちらから積極的にかかわっていく必要はないでしょう。ただし、統合失調症をはじめとした精神障害に対しては根強い偏見があり、今後、近隣と摩擦が生じないとも限りません。民生委員は、予断、偏見をもたずに支援するためにも、日頃から正しい知識を備えておくことが大切です。

### 精神障害者の基本的理解

本問では統合失調症について解説しますが、その前に導入として精神障害全般の基本的事項について解説します。

#### 1. 精神障害にはさまざまな種類がある

精神保健及び精神障害者福祉に関する法律第5条は、精神障害とし

て次の4つを挙げています。
　①統合失調症
　②精神作用物質による急性中毒又はその依存症
　③知的障害
　④精神病質その他の精神疾患

　この4つの分類そのままではありませんが、厚生労働省の患者調査によると、患者の疾病別内訳は次の表のようになっています。

**精神疾患を有する患者の疾病別内訳（平成26年度）**

| 疾病 | 人数（万人） |
| --- | --- |
| 気分（感情）障害（躁うつ病を含む） | 111.6 |
| 統合失調症、統合失調症型障害及び妄想性障害 | 77.3 |
| 神経症性障害、ストレス関連障害及び身体表現性障害 | 72.4 |
| 認知症（アルツハイマー病） | 53.4 |
| その他の精神及び行動の障害 | 33.5 |
| てんかん | 25.2 |
| 認知症（血管性など） | 14.4 |
| 精神作用物質使用による精神及び行動の障害 | 8.8 |
| 合計 | 392.4 |

　ここで把握されている人数は医療機関を受診した患者の統計ですので、実数はもっと多いと思われます。いずれにしても、把握されているだけで約392万人いるということは、精神障害は決して珍しいことでも、特別なことでもありません。

## 2. 外見的にわかりにくいために精神障害者に起こる困難

　精神障害者とは、「何らかの原因によって心の働きに変調が起こり、その結果、困難を抱えている人」といえます。

　一般に、身体障害者の場合は外見的にわかりやすいのに対し、精神障害者はわかりにくいために、何かができなかったり期待されたことと異なる反応や答えをすると、さぼっている、反抗している、ふざけ

ている、といった見方をされてしまうことがあります。

　例えば、車いすの利用者に対して「なぜ階段を一人で上がらないんだ？」と聞く人はいないでしょうが、うつ病の人に対して「なぜ仕事に行かない（来ない）んだ？」と聞く人はいます。このような質問は、本人が主体的に判断して「しない」のではなく、したくても「できない」という心の動きが理解されていないことが背景にあります。

　また、車いすの押し方を間違えれば、うまく進まずに介助者自身が気づいたり、車いす使用者から指摘を受けるでしょう。あるいは、視覚障害者の同行中に危ない場面に遭遇してヒヤッとすれば、介助者は以降気をつけるでしょう。しかし、精神障害者に対して間違った言葉かけや対応をしてもそれをした側が気づくことは困難です。

　心の中は誰も見えないため、そこに他人が根拠のない想像を膨らませる余地があり、結果として、精神障害者はさまざまな誤解や偏見の対象になっています。

### 3. 入院偏重から在宅生活中心への施策の変化

　長い間、日本は欧米諸国に比べて精神科のベッド数が多く入院期間が長いことが指摘されていました。また、過去には精神障害者を守るべき精神科病院で、患者に対する人権侵害や犯罪行為が行われたこともあります。国は2004（平成16）年に「入院医療中心から在宅生活中心へ」をスローガンに精神保健福祉施策の改革ビジョンを打ち出しましたが、在宅生活に対する支援策の遅れや地域の反対などがあり、今のところ長期入院患者の在宅への移行はあまり進んでいません。

## 統合失調症のことを知る

### 1. 統合失調症という名称と基本的理解

　統合失調症はかつて「精神分裂病」と呼ばれていました。もともとは、ものごとを相互に関連づけて考えることができなくなるという意

味で「分裂」という言葉が使われたようですが、現実には、心が機能しない人、改善の見込がない人、というような人格自体を否定するような偏見をもって解釈されるようになってしまいました。これに対し、関係者の「社会参加や正しい理解を妨げていることから変更すべきだ」という意見を受けて検討が行われました。

そして「病気」ではなく「症状群」を特徴とするという点も踏まえて、精神を統合する機能に何らかの不具合が生じることで起きるということから、統合失調症という名称を使用するようになりました。

## 2. 症状

統合失調症の典型的症状は、大きく分けると次の3つになります。

**統合失調症の典型的症状**

| 陽性症状 | 幻覚、幻聴、妄想など、ないものをあるように知覚する |
|---|---|
| 陰性症状 | 意欲が低下したり、感情表現が乏しく(なく)なる |
| 認知機能障害 | 記憶力、判断力、注意力、集中力等、ふだん特に意識することなく使っている能力等が低下する |

上記のうち、陰性症状の場合には、相手が病気のことを理解していないと、「さぼっている」「手をぬいている」と言われてしまいます。

## 3. 原因や背景

統合失調症の原因は不明ですが、本人自身の因子(病気のかかりやすさ)と環境因子(生活環境やダメージを及ぼす出来事等)が関係して発症すると考えられています。その結果、脳の中の神経伝達物質に異常が生じることで幻覚などの症状が起こります。概ね10代後半から30歳代で発症しますが、その他の年代での発症もあります。

## 4. 治療

統合失調症は、ほとんどの場合、薬によって症状を安定させコントロールすることが可能な病気です。統合失調症の陽性症状である幻覚

や幻聴は薬によって改善し、日常生活を送ることが可能になる人が多くいます。ただし、薬には副作用があるため、医師は効果と副作用のバランスを見ながら薬の種類や量を決めていきます。

　急性期の治療は服薬が中心になりますが、ある時期からは、陰性症状や認知機能障害などの改善や生活リズムの回復をめざして、デイケアや作業療法なども合わせて行われます。

　統合失調症は生活習慣病と同様に慢性的な病気です。「完全に治癒する」ということはなく、生活に支障が生じないように症状をコントロールすることが治療の目的になります。

## 統合失調症の人とのコミュニケーションと支援の基本

### 1. コミュニケーションの基本

　統合失調症に限らず、精神障害のある人とのコミュニケーションは、身構えることなく普通に接することが基本ですが、それぞれの病気の症状に応じて配慮すべきことがあります。

　統合失調症の典型的症状に、実際にはないにもかかわらず、隣人に「窓をこじあけて侵入しようとするな」と夜中に怒鳴り込んだり、「電車の中でみんながこっちを見て悪口を言っている」というような被害妄想や幻覚（幻聴、幻視等）等の症状があります。

　この場合、「本人が現にそのように思っている」という事実を認めることから関わりが始まります。例えば、「そうですか、みんなが悪口を言ってるんですね。それはつらいですね」という感じです。

　このときに、「嘘はいけない」「そんなことはない」などの言い方は、その人と信頼関係を作るうえで逆効果です。また、事実ではないことを認めさせようと、「それならいつ侵入されそうになったのか？」「どんな悪口だった？」といった質問をすると、さらに妄想に拍車をかけます。妄想の内容には入りこまないほうがよいでしょう。

## 2. 支援の基本

　統合失調症は、家族の思いやりや本人の心がけで治ることはありません。できるだけ早期に医療機関を受診し、継続して医療機関の支援を受ける必要がありますが、受診には抵抗をもつことが多いので、強引な説得は逆効果になることもあります。

　また、統合失調症の発症に直接親の育て方や家族の言動がかかわるということはありませんが、その後の家族の対応のあり方は再発に大きな影響を及ぼすことが知られており、家族に対する支援も重要です。

　民生委員を含めた地域住民の支援や関わりとしては、精神障害者が環境の変化や新しい人間関係を築くことが苦手だということも踏まえ、不安や混乱を招くような接近の仕方はせず、周囲から見守ることが基本になります。また、機会があれば、前述のようなコミュニケーションを心がけ、何かあれば相談してもらえる関係を日頃から築いておくことが大切です。

## 活用可能な相談支援機関

### 1. 市町村保健センター

　市町村には住民を対象にした保健事業全般を担当する保健センターが設置されており、心の健康や病に関する相談にも応じています。

### 2. 保健所

　都道府県や指定都市などが設置しており、地域における精神保健の一次的な相談窓口になっています。

### 3. 精神保健福祉センター

　都道府県および指定都市が設置し、医師をはじめとする専門スタッフが配置されています。精神保健福祉全般にかかわる業務を行っており、その一環として本人や家族からの相談に応じています。通常、来所と電話相談があり、他にメール相談を行っている場合もあります。

## 4. 病院・クリニック

一般には精神科として知られていますが、名称に抵抗を感じる人もいるため、同様の診療を行いながら、メンタルクリニック、メンタルヘルス科などの名称の場合もあります。

### 民生委員に期待される役割

#### 1. 正しい知識をもち、周囲にも理解を広める

統合失調症に対する誤解や偏見は根強くあります。民生委員は個別的にかかわるか否かにかかわらず、偏見の対象になりやすい統合失調症に対して正しい知識をもつことが必要です。また、周囲の人の誤った知識や偏見に基づく発言や行動に気づいた場合は、その都度正しいことを伝えていくことも大切です。

民生委員が正しい知識をもつためには、専門職の話や本などで学ぶとともに、当事者や家族の会等と連携して、本人や家族の話を聴いたりボランティアとして行事を手伝うことも有効です。また、地域に統合失調症の人が暮らす施設や働く作業所等があれば、そこでのボランティアを通して交流する方法もあります。

#### 2. 必要に応じて相談（話し）相手になる（専門機関と連携して）

在宅で暮らす統合失調症の人のなかにはちょっとしたことで不安になり、民生委員を知っていると話を聞いてほしいと度々自宅を尋ねて来たり電話がかかってくることがあります。

このような場合、民生委員には可能な範囲での対応が期待されます。とはいえ、仮に1日に何度もの対応は困難ですし、民生委員の対応には限界があります。そこで、もし頻繁に連絡があるような場合には、とりあえず市町村の担当課等に対応方法を相談してください。また、例えば、回数は1日1回までとする、1回の話は30分までとする、夜は訪問しない、というようなルールを決めて対応している民生委員

もいます。いずれにしても、かかっている医療機関や、その人が生活保護を受けていればソーシャルワーカーなど、その人の支援に関係する専門機関との連携が不可欠です。

また、支援にあたっては、「深入りしない」ことが大切です。もし、日常生活上の支援や手伝いを求められても、民生委員が直接対応せずに専門機関に対応してもらうようにしたほうがよいでしょう。

## 3. 必要に応じて関係機関に連絡する

地域に統合失調症等の精神障害が疑われる人がいて、病院や専門の機関の支援を受けている様子がみられず、周囲とトラブルを起こしているような場合には、保健所や市町村等に連絡して様子を見てもらい適切な対応を求めるとよいでしょう。統合失調症の人のなかには、以前は薬を飲んで安定していた症状が、薬や通院を自分の判断で止めてしまって症状が再発する人がいます。特に緊急性が高いと思われる場合には、躊躇することなく関係機関に連絡する必要があります。

このときに気をつけなければならないのは、民生委員は「監視役」や「見張り役」ではないということです。「統合失調症の人はトラブルを起こすはずだ」と考えるのではなく、「他の人よりも少し多くの困りごとを抱えているのではないか」と考え、「その困りごとを減らすために支援する」という意識で見守ることが大切です。

## 4. 様子の変化に気づいたら関係機関に連絡する

精神障害のある人の見守り活動を行っているときに、様子の変化に気づくことがあります。あるいは、間接的に周囲の人から、「トラブルはないけれども様子が以前と違ってきた」という話を聞くこともあるでしょう。本人は病状の変化に気づきにくいこともあるので、このような場合には早めに保健所等の専門機関に連絡してください。

# 20 うつ病の人に対する支援

生活福祉資金の貸し付けを通して関わりのある人から、「自分はうつ病です」と伝えられたのですが、会話をするときに配慮すべきことなどがあれば教えてください。

**POINT** うつ病は治療によって症状を改善することができますが、回復には時間がかかり一進一退を繰り返します。治療には周囲の理解と協力も不可欠です。励ます気持ちや寄り添う気持ちをもつことは大切ですが、それらをそのまま口に出せばいいわけではなく、慎重な言葉かけや対応が必要です。その点を間違えると症状を悪化させることがあります。民生委員は、正しい知識をもって支援にかかわる必要があります。

## 答え

### うつ病のことを知る

#### 1. 病気の基本的理解

うつ病は気分障害の一種で、多くの人がかかる代表的な精神疾患です。うつ病を身近に感じてもらうために、「うつ病はこころのかぜ」と表現する人がいますが、これは「症状が軽く、寝ていればそのうち治る」という意味ではありません。それだけ多くの人がかかり、身近な病気だということです。むしろ、他の病気にたとえるなら、「うつ病はこころの悪性腫瘍」（手遅れにならないように少しでも早く対応したほうがよい）と言ったほうが実態に近いという人もいます。

家族がうつ病になると、家族は絶えず言葉かけに気を遣い、様子を観察しながら不安な気持ちで時間を過ごすことになるため、「共倒れ」する危険性があることにも留意が必要です。

## 2. 症状

うつ病では、ひどく気分が落ち込んで何もやる気が起きない、何事にも興味がもてず悲観的になる、理由ははっきりしないけれども強い不安を感じるなどの精神面の症状と、食欲の減退、全身のだるさ、不眠、息苦しさ、頭痛、発汗、下痢など身体面の症状が現れ、日常生活に支障を来たす状態が続きます。症状では朝調子が悪く、午後から徐々に改善するという日中変動がみられることもあります。おおむね成人期以降のどの年代でも起こり、性別では女性のほうが多く発症します。

## 3. 原因や背景

原因は明確ではありませんが、その人自身のなかにある生物学的要因と周囲との関係による社会的要因や環境的要因の両方が関係していると考えられており、例えば、仕事の過度の負担やハラスメント、継続的な緊張状態、身近な人の死、大きな挫折感などさまざまなストレスがきっかけとなって発症します。また、女性の場合には、出産や産褥期、更年期などに抑うつ状態になることがあります。

人は誰でもストレスを抱え、ショックな出来事を経験し、そのために一時的に落ち込んだりやる気が出ないことがあります。ただし、通常であれば少し時間が経ち何らかのきっかけがあれば立ち直ることができます。それに対し、うつ病の場合は時間が経っても立ち直ることができません。

## 4. 治療

うつ病の治療は、できるだけ早い時期に適切な医療を受けながら、心と身体をゆっくり休めることが大切です。そのためには家族や職場

（学校）関係者などが協力して環境を整える必要があります。もし、環境を整えることが困難な場合や症状が重い場合には入院したほうがよい場合もあります。

具体的な治療方法には、薬を使う薬物療法とカウンセリングなどの精神療法があります。

薬物療法は、抗うつ薬によって行われますが、いろいろな種類の薬を一定期間試しながら、その人にあった薬を見つけ、継続して服薬をします。医師と相談せず自分の判断でやめてしまうと再発をします。

精神療法とは、患者が医療専門職と会話をしながら、ものの見方や思考の偏りなどを現実的でバランスのとれた考え方に変えることで精神的負担の軽減を図る治療方法で、個人で行うだけでなく集団で行う場合もあります。どの治療方法でも時間がかかり、一進一退を繰り返しながら徐々に改善していきます。

## うつ病の人とのコミュニケーションと支援の基本

### 1. 慎重に言葉を選ぶ

うつ病の人は言葉に非常に敏感です。なにげない善意のつもりの言葉が相手を追いつめてしまう場合があります。そのことを念頭に会話をする必要があります。

例えば、本人の様子をみて、「やる気がみえない」「頑張りが足りない」「甘えているのではないか」と考え、「あなただけが大変なわけではない」「気持ちの持ちようで変われる」「もっと大変な状況でも頑張っている人はいる」「根性を見せて」というような「説教」をすることは、相手を追いつめることはあっても、それをきっかけに頑張る意欲が起こることはありません。

### 2. 励ましは逆効果

うつ病の人の状態を気持ちの持ちようや頑張りの不足とはとらえな

いまでも、何とか頑張ってほしいという思いから、励ましのつもりで「頑張って」「ファイト」「応援するよ」「負けないで」といった言葉をかける場合があります。しかし、これらの言葉は、これまで何とか頑張ってきて、頑張りすぎた結果としてうつ病になっている人にとっては、「これ以上いったい何を頑張ればいいんだ」「どう変わればいいんだ」「この人は自分の苦しみをわかってくれようとしない」となり、逆効果になってしまいます。

### 3. 理解し寄り添うような言葉をかける

うつ病の人と接するときは、その人の話をゆっくり丁寧に聴き、「それはつらいですね」「ゆっくり休めるといいですね」というように、まずはつらさを真剣に受け止めることが大切です。

そのうえで、「私にできることがあればいつでも言って」などの言葉をかけ、「私はあなたのことを心配している、いつも気にかけている」というメッセージを送り続けることが大切です。必要なのは理解し寄り添うことであり、お説教することや、励ますことではありません。

### 4. 自死には特に注意する

「死にたい」「死んだほうがましだ」といった言葉が出たら、冗談めかして言っているか真剣な表情で言っているかにかかわらず、重大なこととして受け止める必要があります。「絶対死んではいけない」と約束することも一つの歯止めになります。必要受診を勧めたり医師に相談する必要があります。

### 🍃 活用可能な相談支援機関

問 **19** で紹介している各専門機関（94、95 ページ）がうつ病の支援にあたっても活用可能な相談支援機関です。

## 🌱 民生委員に期待される役割

### 1. 活動で気づいたときに受診を促す

　民生委員が日頃の活動のなかで出会う人、例えば、家族の介護をしている人、最近配偶者を亡くした人、独居の高齢者、子育て中の人、近隣との関係がうまくいかない人、生活困窮の状態にある人、失業中の人等のなかには、うつ病の人がいる可能性があります。うつ病が原因で仕事を失い生活困窮に陥った人もいれば、介護や育児のストレスが原因でうつ病になる人等、経過はさまざまですが、うつ病は日常で起こる生活困難や生活のしづらさと深い関係をもっています。

　本人が精神的な不調を自ら訴える場合もあれば、本人はそのことに気づかない場合もあります。そのような場合は様子の変化を見ることが大切です。例えば、これまできれいだった部屋が片づけられていない、きちんとしていた身だしなみが乱れている、発言が前向きな内容から後ろ向きな内容ばかりに変わった等、さまざまなことがあります。もちろん、これらのことは誰にでもあることですが、通常は一過性で終わります。しかし、このような状態が続くとすれば、うつ病など精神的変調が疑われることから、受診を勧めたほうがよいでしょう。

　受診を勧める場合、「あなたはうつ病だろうから」という必要はありません。例えば、「以前知り合いが同じような状態でお医者さんに診てもらい、薬を飲んでだいぶ気分が楽になったこともあった」というように、「気分が楽になる可能性があるのでどうでしょう」というような話をすれば、相手の抵抗感を和らげることができます。

### 2. 民生委員としての関わり方

　民生委員は医療職ではないので、直接、治療や改善にかかわることはありませんし、治療効果を意識して専門家のような接し方をする必要もありません。大切なことは、不用意な発言で相手を傷つけたり、

追いつめてしまわないように心がけながら、「一定の距離を置いて」見守り、そして「ここにあなたのことを気にかけている人間がいますよ」というゆるやかなメッセージを届け続けることが大切です。

### 3. 家族のことを気にかける

　家族の誰かがうつ病になると、その家族は日々相当な気を遣ったり心配をし、時には家族もうつ病になってしまうことがあります。また、家族が落ち込みつらそうな顔をしていると、うつ病の本人はその様子を見てさらに自分を責め、落ち込むことがあります。そのような悪循環を招かないためには、家族が少しでも明るい状況でいられるように支援することも大切です。

　といっても、民生委員はカウンセリングのようなことをする必要はなく、例えば、「お茶を飲みに来ませんか」「(簡単なボランティア活動やイベントの実施で) 少しだけ手伝ってもらえませんか」というように、外出をして気分転換したり話ができる場面への参加のきっかけを提供することも一つの方法です。また同じような経験をもつ家族を知っていれば、紹介することもよいでしょう。

### 4. 周囲の人の言動にも気を配る

　うつ病の人の周囲にいる人の言動を意識して聞くようにし、もし安易な励ましなどの不用意な発言をする人がいれば、結果的に症状を悪化させる危険性があることをきちんと伝えたほうがよいでしょう。もし民生委員から言いにくければ、周囲にいる医療、福祉の専門職に頼む方法もあります。

# 21 発達障害のある人に対する支援

最近、近くに引っ越してきた家族が挨拶にきて、「長男が発達障害なので、何かのときにはよろしくお願いします」と挨拶されました。発達障害とはどういう障害でしょうか？ コミュニケーションで気をつけることがありますか？

POINT

発達障害は、生まれつき脳の機能の一部に障害があることで起こります。育て方や育つ環境が原因で起こるわけではありません。いろいろな行動の特性があり、結果として、対人関係で困難を抱えたり孤立することが多くなります。ただし、適切な理解や支援が得られれば、円滑な社会生活は十分可能です。それらがない場合に、行動の特性が障害となり、例えば、学校で周囲から孤立しいじめられて不登校になったり、職場で叱責され続けて仕事が続けられなくなったりする等、生きづらさを抱えながら生活することになります。

民生委員としては、発達障害の特徴や適切な対応方法を知り、本人はもとより、戸惑いや混乱を抱えながら子育てをしている親にとっても良き理解者となることが大切です。また、発達障害が疑われるにもかかわらず専門機関に相談していない子どもに出会った場合には、親の不安や心情に配慮しながら、専門機関への相談を勧める役割も期待されます。

発達障害は大人になってわかることもありますが、次の答えでは早期の支援を念頭に、発達障害児への支援を中心に記述します。

## 発達障害のことを知る
### 1. 発達障害の基本的理解
#### ①発達障害とは

　身体障害や知的障害に比べ、発達障害は研究や支援の歴史が浅く、診断基準の変更も続いています。わが国では2005（平成17）年4月に発達障害者支援法が施行されたことで、発達障害という言葉自体は知られるようになりましたが、まだまだ正しい理解が拡がっているとはいえません。

　発達障害者支援法は、発達障害を「自閉症、アスペルガー症候群その他の広汎性発達障害、学習障害、注意欠陥多動性障害その他これに類する脳機能の障害であってその症状が通常低年齢において発現するものとして政令で定めるものをいう」と規定しています。法律で示されているこれらの障害の特徴は、次の「発達障害の分類と特性」で解説しますが、このような症状が低年齢で現れるものが発達障害です。

#### ②人数

　発達障害は「見えにくい」こともあり、これまでに正確な統計はありません。参考に、文部科学省が2012（平成24）年に公立の小・中学校を対象に行った調査では、発達障害の可能性のある児童生徒の割合は全国で6.5％でした。この調査からは、1クラスに平均して2～3人は発達障害の可能性がある児童がいると考えられます。

#### ③正しい診断が必要

　発達障害にみられる行動の特徴、例えば、一見すると自分勝手に見える行動をしたり度々忘れ物をする子どもがいたとしても、そのすべてが発達障害というわけではありません。発達障害という言葉が知られるようになったため、周囲と違う行動を取った子どもに対し、とり

あえず発達障害で説明しようとする風潮が一部にありますが、そのようなことは適切な対応や支援を誤らせる可能性があります。

## 2. 発達障害の分類と特性

発達障害は、現在大きく次の３つに分類されています。

①**広汎性発達障害**

「自閉症」「アスペルガー症候群」「特定不能の広汎性発達障害」等が含まれ、同時に複数の障害が現れることもあります。

自閉症は、言葉の発達の遅れ、コミュニケーションや対人関係構築上の障害、興味や関心の極端な偏り、特定の行動パターンへの強いこだわりなどが特徴です。自閉症スペクトラム（スペクトラムとは「境界線があいまいな連続体」の意味）と呼ばれることもあります。

アスペルガー症候群は、自閉症と同様の特徴が現れますが、多くの場合、幼児期に言葉の発達の遅れがないことが自閉症と異なります。そのために幼いうちは障害がはっきりせず、大きくなってから障害が顕著に現れてくるという特徴があります。

特定不能の広汎性発達障害は、自閉症やアスペルガー症候群などの広汎性発達障害の特徴をある程度示しながら、診断で一定の基準を満たさない場合が該当します。

以上のような特徴や障害が現れることから、広汎性発達障害者は、周囲から「自分勝手」「わがまま」「遠慮や礼儀を知らない」「協調性がない」などの非難を受けることがあります。

②**注意欠陥多動性障害**（「注意欠如多動症」という場合もあります）

（※英語表記を略して「AD/HD」と呼ぶことがあります。）

障害名称からも想像できるように、注意力が欠如したり散漫になるため、何度注意しても忘れ物をする、ケアレスミスをする等の特徴があります。また、人の話をちゃんと聞いていないように見える、待つ

ことが苦手でそわそわして落ち着かない、ウロウロする、しゃべり続けて話が止まらない、衝動的に動き出すといった特徴もあります。

③学習障害

（※英語表記を略して「LD」と呼ぶことがあります。）

全般的な知的発達の遅れや聴覚障害、視覚障害がみられないにもかかわらず、読む・話す・聞く・書く・計算するといった学習のなかの一つまたは複数に相当な困難がある状態をいいます。知的発達の遅れはないので、困難な科目以外の科目では普通に学習すれば理解をし、そこで得られた知識を使うことも可能です。

## 3. 発達障害の原因や背景

発達障害は先天的に脳の機能に障害があり、発達のバランスが崩れることで起こると考えられています。「親のしつけ」「育て方」によって起こるわけではありません。また、遺伝的要因も指摘されていますが、その場合、親から子に直接的に遺伝するのではなく、他の要因も関係しているのではないかと考えられています。

以上のように、発達障害の原因は不明な点が多いわけですが、大切なことは、原因をあれこれ追求することではなく、本人が現実にどんなことに困っていて、どのような支援や環境の改善や調整を必要としているかを考えることです。

また、「障害は固定したもの」と考えがちですが、発達障害児の行動の特性は経験や学習や周囲の働きかけによって変化、発達します。

## 4. 療育や教育

発達障害児が円滑な社会生活を送るためには、周囲の理解や協力による適切な支援や対応、環境の整備や調整が必要です。そのことを前提にしながら、現在、本人に対しては通常の教育のなかでの工夫とともに、必要なライフスキルを身につけるための支援が行われています。

ライフスキルとは、「日常生活のさまざまな問題に対処する能力」のことで、自分を理解するスキル、対人関係のスキル、社会資源を利用するスキル等、さまざまなもので構成されています。

また、発達障害児は、特定の分野で優れた能力を発揮する場合もあるので、療育や教育の場面では、いろいろなことにチャレンジしたりさまざまな体験をする場面を多く作るための工夫もされています。

ただし、これらの療育や教育の状況には地域差があります。

## 発達障害児に対する対応と支援の基本

### 1. 自尊心を尊重し肯定的な関わりをする

すでに発達障害の診断を受け、かつ、早期から周囲が適切な関わりをしている場合を除けば、発達障害児は周囲から絶えず叱られたり、否定的評価をされています。人は誰でも、周囲から否定的な言葉を浴びせられれば精神的なダメージを受け、自分はダメな人間だと思い、自尊心を失い、何事にも消極的になってしまいます。子どもがそのような状況に置かれれば、本来は伸びる能力や潜在的にもっている力を伸ばす芽が摘まれ、何事にも消極的になり、自分を責めたり否定してしまいます。学齢期では、結果的に不登校になることもあります。

発達障害児に対しては、良い所やできたことをほめ、自己肯定感が高まるように接することが大切です。そのことが、新たなことに挑戦する意欲や、失敗してもまた頑張ればいいんだと思える前向きな意識を高めることにつながります。

### 2. 話すときはわかりやすい言葉を使う

発達障害児は、抽象的な言葉や比喩的な表現などの理解が困難です。そのため、例えば、「なるべく早く」ではなく「何時までに」というように、具体的に話すようにします。また、いくつもの内容を1回にまとめていうと、最初の部分だけ覚えていて2番目のことは忘れるこ

とがあるので、説明や指示などはなるべく一つ一つ区切ってします。これらは一例ですが、その発達障害児の理解の特性に応じて話し方を工夫する必要があります。

### 3. その場に円滑に参加できるように工夫をする

　例えば、子どもたちが集まって話し合いをする場合、発達障害児が延々と話し続けて止まらない場合があります。この場合、「それはその子の特性だから」で済ますことはできません。あらかじめ「一人2分話したらそこで区切る」というようなルールを全体で確認しておけば、適切な対応ができます。

　また、イベントで作業をみんなでする場合、集中して作業をする1回あたりの時間を短くしたうえで作業の分量も少なくすることで、集中が続かなくなる前に休憩するという工夫の方法があります。

　これらは一例ですが、その発達障害児の理解度と行動の特性に応じた工夫をすることで、その場への円滑な参加が可能になります。

## ❀ 活用可能な相談支援機関

### 1. 子育て支援センター

　「他の子どもとどうも違う」「何か変だ、気になる」といった段階でとりあえず相談できるのが、市町村が保育所などに委託をして運営している子育て支援センターです。同センターは、障害の有無などに限らず、ベテラン保育士などが子育て全般に関する相談を行っています。所在地は各市町村のホームページ等で確認できます。

### 2. 市町村保健センター

　上記の1.と同じ主旨で、身近にある相談機関が市町村保健センターです。市町村保健センターは住民の保健や健康管理全般にかかわる業務を行いますが、その業務の一つに母子保健があります。母親教室や健診等で保健師と顔なじみの場合もあり、子育てで不安がある場合に、

まずは市町村の保健センターに相談することも考えられます。

## 3. 児童相談所

児童相談所は、児童福祉問題全般に対応するために、都道府県や指定都市等が設置しています。相談分野の一つに障害相談があり、児童のさまざまな障害に関する相談に対応しています。最寄りの児童相談所は都道府県や指定都市のホームページ等で確認できます。

## 4. 発達障害者支援センター

発達障害児（者）への支援を総合的に行うことを目的に都道府県と指定都市が設置する機関です。直営のほか、指定を受けた社会福祉法人等が運営する場合もあります。関係機関と連携しながら本人や家族からの相談に応じ、指導と助言を行っています。

## 5. 専門の病院や医師

発達障害は、さまざまな角度から検査や観察をしたり行動の特性などを調べて総合的に判断して診断をします。したがって、病院ならどこでもよいわけではなく、専門の医師がいる病院が望ましいといえます。しかし、その情報はなかなかわかりにくいので、とりあえず前述のいずれかの機関に相談することで情報を得ることができます。

## 🌿 民生委員に期待される役割

### 1. 発達障害を正しく理解しそれを広める

繰り返し述べたように、発達障害はわがままや自分勝手とは違い、親のしつけの間違いが原因ではありません。そして、周囲の理解や適切な対応、環境の調整があれば円滑な社会生活を送ることが可能です。民生委員はまず自分自身が発達障害を正しく理解するとともに、周囲の人たちに発達障害に対する理解を広める役割も期待されます。

### 2. 実際に本人と接触する場合には

前述の「🌿発達障害児に対する対応と支援の基本」を踏まえて接し、

「ここに良き理解者がいる」というように思ってもらえる関係を作ることが大切です。そのためにも、受容的に接することが大切です。

## 3. 親の大変さを理解し支援する

　発達障害に限定されたことではありませんが、親の苦労話を聴くことは一つの支援になります。特に、これまで述べたように、親は周囲の誤解や思いこみによってつらい状況に置かれています。最悪の場合、親が子どもの発達障害を受け入れることができず、「しつけ」のために子どもを叩く等の虐待につながる可能性もあります。

　本人に対するのと同様、親に対しても「ここに良き理解者がいる」というように思ってもらえる関係を作ることが大切です。親が一人で悩みを抱えないためにも、いつでも相談できる相手として民生委員の存在を近くに感じられることに意味があります。

## 4. 早期に気づいて適切な対応につなげる

　親から話を聞いていると、「この子は発達障害では」と思われる場合や、イベントなどで、そのような子どもを見かけることもあります。そして、もしその子がこれまで専門機関の相談や受診をしていないとすれば、早期に相談することを勧めたほうがよいでしょう。

　その場合、いきなり「発達障害ではないでしょうか」と言う必要はありません。間違っているかもしれませんし、親は動揺するでしょう。まず、「相談機関に行くと子育てのアドバイスや情報提供が受けられますよ」と話し、相談先も発達障害者支援センターではなく、市町村の児童福祉担当課や保健センター、子育て支援センターなどでよいでしょう。それらの機関では、実際に発達障害の疑いがあえば、しかるべき機関を紹介する等、適切な対応をしてもらえます。

# 22 アルコール依存症の人に対する支援

近所の方から「最近定年退職した夫が毎日明るい時間からお酒を飲むようになって、やめるように言うと怒り出すし、このままでは心配」という相談を受けました。昔から「アル中」という言葉があることは知っていますが、あらためてアルコールに関する問題とそういう人に対する支援について教えてください。

POINT　自分で飲酒をコントロールできないアルコール依存症は、長期間、多量の飲酒をする習慣により発症するもので、日頃から節度ある飲み方をすれば防げます。もし、アルコール依存症になってしまった場合には、断酒以外に回復の方法はありません。その場合、「アルコール依存症は病気である」との前提に立って治療を受けるとともに、断酒会などの自助組織に参加して断酒に取り組めば回復は可能です。

答え

## アルコール依存症のことを知る

### 1. アルコール依存症の基本的理解

かつては、昼間からお酒を飲んでいるような人のことを、「あの人はアル中（アルコール中毒の略）じゃないの」と言うことがありました。最近は、アルコール中毒というと、「若者が一気飲みで急性アルコール中毒になり救急車で運ばれた」というように、急性の意味で使われることが多くなっています。

111

長い間の大量の飲酒によって起こる症状は、急性と対比すれば「慢性アルコール中毒」ともいえますが、かつての「アル中」という言葉に含まれていたアルコールに関するコントロールが効かなくなった状態のことを、正式にはアルコール依存症といいます。

　日本には60万人〜100万人くらいのアルコール依存症患者がいるという推計もあり、決して特別な病気ではありません。近年は、長年会社勤めをしていた酒好きな人が、定年退職後に昼間から飲酒をしてアルコール依存症になる例や、男性よりも女性のほうが大量に飲酒する人の割合が増えているといった調査報告などもあります。

## 2.「好き」と「依存症」の違い

　お酒が好きな人はたくさんいますが、その人たちがみなアルコール依存症というわけではありません。

　では「好き」と「依存症」の違いは何でしょうか？

　自分でアルコールの飲酒をコントロールできる場合が「好き」で、コントロールできない場合が「依存症」です。酒好きな人でも、「明日は朝から大事な会議があるから今晩は飲まないでおこう」ということが無理なくできていればアルコール依存症ではありません。もし、「明日の朝何があろうが関係ない。とにかく酒を飲まないと落ち着かず、イライラして眠れない」といったような状態で酒を飲むとすれば、アルコール依存症だということです。

## 3. アルコール依存症の原因と問題

　一定量以上のアルコールを飲み続けることによっていつも体内にアルコールが存在する状態が続くと、脳はそれが普通の状態だと認識するようになります。その結果、アルコールがない状態を脳は異常な状態だと感じるようになり、手の震え、イライラ、汗をたくさんかく、吐き気、幻覚、いいようのない不安感の持続などさまざまな離脱（禁

断）症状が現れます。

　これらの離脱（禁断）症状を手っ取り早く沈静化させる方法が飲酒することです。飲酒により体内にアルコールが残っている間は症状が出ないからです。ただし、この段階になると前よりも多く飲まないと酔わなくなってしまいます。

　このような連続した飲酒と量の増加は、肝臓の病気や高血圧、糖尿病などの身体面や健康面のリスクが高まるだけでなく、飲酒運転、けがや事故のリスクの高まり、家族関係の悪化、家庭内の暴力や虐待、仕事のトラブルや失業、友人関係の喪失、自殺等々、さまざまな問題につながります。

## 4. 治療

　回復のためには、医療機関による治療とともに断酒を継続するための支援が必要です。医療機関では次のような治療が行われます。

### ①治療には入院と通院がある

　医療機関での治療には、入院の場合と外来（通院）があり、初期の段階を除けば一般に入院治療が行われます。本人が受診を拒む場合には、とりあえず家族だけでも相談に乗ってくれる専門医療機関もあります。

### ②治療は段階的に進む

　最初は離脱（禁断）症状への対応や合併症（肝臓の病気、高血圧等）に対する薬物治療が行われます。次に精神療法によって本人が断酒を決意するように指導するとともに、抗酒薬の投与を始めます。また、一番大切なことは断酒を続けることなので、後述する断酒会への参加なども勧めます。退院後は、通院しながら抗酒薬を服用し、断酒会などに参加しながら断酒を続ける必要があります。

### 5. アルコール健康障害対策基本法の制定

　国は、アルコール依存症対策のため、2013（平成25）年にアルコール健康障害対策基本法を制定しました。同法では、不適切な飲酒の予防や啓発活動、アルコール依存症にかかわる医療や相談機関の充実、社会復帰の支援、民間団体の活動支援などの取組みを推進することが規定されています。同法に基づき、国では2016（平成28）年5月にアルコール健康障害対策推進基本計画を策定しています。また、都道府県も同様の計画を策定しています。

## アルコール依存症の人に対する対応と支援の基本

### 1. 飲酒をとめられたときに本人が怒る原因により対応は異なる

　今回の相談の場合、夫の怒った理由をよく考えたうえでなければ、アルコール依存症かどうかはわかりません。夫の怒った理由が、例えば、「これまで会社勤めのときは奥さんから意見されることはなかったのに、会社を辞めたら意見されるようになった。俺が稼がなくなったから軽く見ているのか」と思っているかもしれません。あるいは、「毎日家で何もやることがなく、飲酒だけがささやかな愉しみなのに、その愉しみまで奪うのか」と思っているのかもしれません。

　もし、このような理由であれば、アルコールの問題以前に、相談者の夫に対する接し方を変えたり、日々の生活のなかで家庭や地域での役割を作る等、いくつかの対処方法が考えられ、それらがうまくいけば酒量は減っていくと考えられます。民生委員としても活動の場の紹介などのお手伝いができるでしょう。

　一方、前述の点を工夫しても全く変化がなく、アルコールがいつも手元にないと不安になったり、他に関心が向かずもっぱら飲酒を優先する生活を続けるような場合には、アルコール依存症が疑われるので、そのことを前提に対応することになります。

## 2. アルコール依存症患者に対する支援の基本

### ①病気と認識することから始まる

　アルコール依存症を治す方法は、断酒以外にありません。「徐々に減らす」「たまになら大丈夫」ということはありません。いったん断酒しても、一度飲んだら元に戻ってしまいます。ただし、自力で断酒することはほとんど不可能です。そもそも自分が判断してお酒をやめられるのであれば依存症とはいいません。

　アルコール依存症の特徴である「お酒を自分の意思でやめられない状況」を変えるためには、「これは意志の弱さや決意の固さの問題ではなくアルコール依存症という病気にかかっているからだ」という認識を本人と家族がもつことが大切です。

### ②あなたのことが心配だというメッセージを発し続ける

　アルコール依存症は、病気であることを本人がなかなか認めたがらない「否認の病」ともいわれます。ただし、本人も全くこのままでいいと思っているわけではなく、「何とかしなければまずい」と思いながらも飲まずにはいられない状態になっています。そこで、家族や周囲の人々は、本人に対し医療機関やさまざまな支援を受けることで、この苦しい状態から抜け出せる可能性があることを丁寧に伝え続けることが大切です。

### ③当事者（自助組織）による助け合いや励まし合いが有効

　アルコール依存症の本人たちでつくる断酒会などの自助組織は支援に大きな力を発揮します。断酒会の例会では、会員一人ひとりが酒害の体験と自分自身のことや思いを率直に語り、お互いにその話を聴きます。そのなかから、断酒に対する意欲や継続する力が生まれます。

　アルコール依存症では、断酒が継続できても、それで問題がすべて解決するわけではありません。失われてしまった家族関係や友人関係、

仕事や社会的信用などさまざまな問題を解決し、再構築しなければなりません。その際に、同じ道を歩んできた人の体験談を聴き、自分の気持ちを話すことは大きな励みになり、解決の糸口が見えることもあります。

## 活用可能な相談支援機関

### 1. 保健所

都道府県、指定都市、中核市、特別区などが設置しており、アルコール依存症を含めた心の健康に関する相談に対応しています。

### 2. 精神保健福祉センター

各都道府県および指定都市が設置しており、アルコール依存症を含め精神疾患全般の相談に対応しています。

### 3. 医療機関

医療機関では、前述のような治療が行われます。アルコール外来等の専門の診療科をもつ医療機関を受診することが望ましいですが、その情報がない場合は、上記の相談支援機関に相談するとよいでしょう。本人が最初からアルコール外来を受診することに抵抗があれば、とりあえず神経内科などを受診して、その後に専門の医療機関の紹介を受ける方法も考えられます。

### 4. 自助組織や支援団体

①公益社団法人全日本断酒連盟

繰り返し述べている通り、アルコール依存症の回復には断酒が絶対に必要です。それを同じ当事者の立場で励まし合いながら実践するために作られたのが断酒会です。当事者主体の民間団体ですが、その意義や効果は大きく、国や各専門機関なども断酒会の活動を積極的に評価し、紹介しています。同連盟のホームページを見ると全国各地の断酒連盟の連絡先が掲載されています。

② AA（アルコホーリクス・アノニマス）

アルコホーリクスとはアルコール依存症、アノニマスとは匿名のことです。AAはアメリカで生まれた活動で、当事者が自分を語り断酒をめざすことは断酒会と共通していますが、両者の違いは、断酒会は実名で、AAは匿名で参加する点にあります。

③アルコール健康障害対策基本法推進ネットワーク（通称「アル法ネット」）

わが国のアルコール関連問題の発生・進行・再発等を予防するため、関連法の整備やその推進等を図るために関係団体（断酒連盟などの当事者団体、専門職団体、関係する学会やNPO等）によって構成され、普及啓発等の活動を行っています。

## 民生委員に期待される役割

### 1. 個別支援にあたって

アルコール依存症の人を支援する場合、とにかく断酒が必要です。まずは、病気だと自覚してもらうように促し、「専門職の支援を受けることで回復できる」ということを理解してもらうことが大切です。

特に、夫婦間の暴力や親子間の虐待などの背景にアルコール依存症が潜んでいることがあります。このようなときに、「お酒を飲まなければ優しい人なので、とりあえず何とか我慢します」と家族が言うことがありますが、この状態をそのままにしておくことは危険です。早期の治療を勧めたり、それが難しいようであれば、行政の窓口（精神保健福祉センターや保健所等）に相談して支援をしてもらう方法もあります。

### 2. 若者や妊産婦等に対する啓発

担当地域で、未成年者が飲酒をしていたり、飲酒に誘うようなことが行われている場合には、ためらわずに警察や学校に通報する必要があります。また、妊産婦の飲酒もリスクを高めるので、そのような場

合に、直接言いにくければ自治体の保健センターや保健師に連絡し、対応を頼むとよいでしょう。

### 3. 高齢者の不適切な飲酒を予防する

　長い間会社勤めをしていた人のなかには、定年退職とともに時間をもてあまし、その結果飲酒量が増える人がいます。その生活を続ければ、アルコール依存症のリスクが格段に高まります。アルコール依存症の予防に限らず、健康で過ごすためには、地域でボランティア活動をしたり、趣味をもって外出したり、さまざまな人と日々交流することが必要です。

　特に、一人暮らし高齢者で趣味もなく友人もいなかったりすると、歯止めがなくなる危険性があります。できるだけ外出し、何らかの役割をもち、規則正しい生活を送れるように、地域のなかで無理なくできる活動を紹介するとよいでしょう。例えば、近くの公園で行っているラジオ体操やウォーキングの会、サロン活動、健康づくり教室、施設でのボランティア活動、児童の登下校時の見守り活動、公園の清掃活動等さまざまな活動が考えられます。

### 4. 啓発と「アルコール関連問題啓発週間」の活用

　アルコール健康障害対策基本法により、毎年11月10日～16日を「アルコール関連問題啓発週間」として、国が作成したポスターを各地で貼り出したり、シンポジウムなどが行われています。しかし、現状では、広く国民に知られているとはいえません。理解を拡げるために、この期間に民児協が他団体と協力しながらキャンペーンを行うことも考えられます。このように、アルコール依存症の人に対する支援には、予防や啓発も含まれると考えて取組みをするとよいでしょう。

# 23 さまざまな依存症状のある人に対する支援

ギャンブル依存やネット依存など、さまざまな依存症の人が増えていると聞きますが、依存症とはどんなことをいうのでしょうか。民生委員として知っておいたほうがよいことがあれば、教えてください。

特定の何かに心を奪われ、「やめたくてもやめられない」状態が依存症です。前項で取り上げたアルコール依存症以外にもさまざまな依存症があります。依存症は病気なので、治すためには適切な治療を受けると同時に、周囲の理解や協力も欠かせません。依存症が疑われるにもかかわらず、何もせずにいると状態は悪化します。いずれの依存症も対応が早ければ早いほどよいので、明らかに依存症の可能性があるにもかかわらず専門機関につながっていないような場合には、適切な支援につながるように本人や家族に働きかけたり、情報提供する役割が民生委員に期待されます。

## さまざまな依存症状のある人の基本的理解

### 1. 依存症とはどのようなことをいうか

依存症とは、ある特定のものやことなどにのめり込み、やめたくてもやめられない状態のことをいいます。

依存症は、依存する対象別に次の3つに分かれます。

①特定の物質への依存

　これは、アルコール、薬物、たばこ（ニコチン）など、依存性のある物質の摂取を繰り返すことにより以前と同じ量や回数では満足できなくなり、次第に量や回数が増え、摂取を続けなければ気が済まず、量や回数をコントロールできなくなる状態です。

②特定の行為や過程への依存

　これは、ギャンブルや買い物などの特定の行為や過程にのめり込み、やめようとしてもやめられなくなる状態です。摂食障害もここに分類されます。

③人間（関係）への依存

　これは、恋愛やセックス、さらに共依存と呼ばれる人を献身的に支え続けることに対する依存もあります。

## 2. 依存症によって起こる問題

　依存症では、本来大切にすべきことや守るべきことを後回しにし、依存の対象を最も価値あるものと位置づけてしまう優先順位の逆転が起こります。そして、いろいろなことを犠牲にし続け、次のような問題が起こります。

> ・本人の身体や精神に悪影響が生じる
> ・約束を破ったり嘘をついたりして家族や周囲との関係が悪くなる
> ・仕事や学校を休みがちになったり続けられなくなる
> ・金銭を家族にせびったり、隠れて借金をするようになる
> ・より強い刺激や効果を求め続け、通常の生活が成り立たなくなる

### 🌱 身近にある依存症と支援の基本

　ここでは、依存症のなかでも比較的身近に起こり、民生委員として出会うことが少なくない４つの依存症（障害）を取り上げます。

## 1. ギャンブル依存症

### ①ギャンブル依存症とは

　厚生労働省の2017(平成29)年の調査では、過去にギャンブル依存症が疑われる状態になったことがある人は成人の3.6%にあたる約320万人、最近の1年間に限っても約70万人と推計しています。その8割以上がパチンコ・パチスロに最もお金を使っていました。

　パチンコ・パチスロの市場規模は20兆円を超えており、大きな道路沿いには必ずある身近な「娯楽場」です。また、公営競技の競馬、競輪、競艇、オートレースなどは有名タレントを使った広告などを流して若者にアピールしていますが、それらの本質がギャンブルであることに変わりはありません。2018(平成30)年にはカジノを合法化する法律も成立し、ギャンブル依存症の増加が懸念されています。

　厚生労働省の研究班の調査では、ギャンブルによって生活に問題が生じていない「愛好家」と比較したとき、依存症の人には次のような特徴があることを確認しています。

> ・ギャンブルに使う予算や時間を決めない、決めても守れない
> ・勝ったお金は次のギャンブルに使おうと考える
> ・ギャンブルをしたことを誰かに隠す
> ・ギャンブルで負けたお金はギャンブルで取り返そうと考える

　これらの特徴が当てはまる場合はギャンブル依存症の可能性が高く、早期に専門の医療機関の受診が必要です。ギャンブル依存症は病気ですので、心のもち方や根性で治せるものではありません。

### ②対応の基本

　回復には本人が主体的に動こうとする意思をもつことが必要です。そのために、周囲の人は、本人が問題に向き合うように声をかけ支援

することが基本です。また、本人が問題に向き合うためにはギャンブルのためにした借金の返済を周囲が肩代わりしないことも大切です。

実際の治療では、ギャンブルに向かってしまう意識を他のこと（趣味や何かの役割を果たす等）に振り向けるようにする心理療法が行われています。また、ギャンブルの収支を記録したり、ギャンブルで失ったことを書き出して自分の行動を客観的に見る方法も実践されています。さらに、少数ではありますが、お互いの経験や決意を語り合い、支えあう自助グループもあります。

ギャンブル依存症は、最悪の場合は犯罪や自殺に至る例もあります。一方で、早期に対応すればアルコールや薬物に比べて比較的スムーズに脱出できると言われています。いずれにしても、できるだけ早い段階での対応が大切です。

## 2.（オンライン）ゲームへの依存
### ①ゲーム依存症とは

2018（平成30）年6月、世界保健機関（WHO）は、ゲームのしすぎが原因で、おおむね1年以上（子どもの場合はより短期間）継続して日常生活に支障が出る状況をゲーム障害と定義し、依存症の一つに位置づけました。

内閣府の調査（2017年）によると、小中校生の7割以上がインターネット上のゲーム（オンラインゲーム）をしています。また、ゲーム利用だけではありませんが、一日当たりのインターネットの平均利用時間は159分になっています。

オンラインゲームの利用者がすべて依存症というわけではありません。ゲームが好きでも自分で時間をコントロールしてやめられれば依存症ではありません。自分でやめることができない場合や、心身への悪影響、遅刻や不登校、ゲームをとめた家族に対する暴言や暴力等が

あると依存症と判断します。

ゲーム依存は、不登校や引きこもりになったり、友人や家族関係に支障が出るだけでなく、食事や睡眠がおろそかになり、自律神経が乱れたり、視力や体力が落ちます。また、過去には長時間座り続けることでエコノミー症候群になった例もあります。

②ゲーム依存症になる構造

ゲームにはさまざまな種類がありますが、昔からあるすごろくやトランプ等はそれらを一度購入すれば同じものを何回も使います。また、目の前に一緒にやる仲間がいなければゲームはできません。

一方、インターネット上でゲームをするオンラインゲームは、ゲームの購入者がゲームにはまり込んで抜け出せなくなるようなさまざまな仕掛けがあります。夜中、部屋の中に一人でもインターネット上で知り合った（実際には全く面識のない）「仲間」と一緒にゲームができます。「仲間」と一緒に敵を倒すゲームでは、なかなか抜けられなくなります。また、ゲームには武器が必要であり、勝つと称号が与えられ、「仲間」から賞賛され、同時に、その先には次のステージへの誘惑が待っています。ゲームは絶えず内容が更新され依存症を誘発する構造になっており、特に自制心が弱い子どもはいったんはまってしまうと、抜け出しにくくなります。

③対応の基本

ゲーム依存患者の多くは子どもや若者です。学校でのちょっとしたつまずきや友人関係の悩みがあるとき、ネットのゲームで「仲間」ができたり自分がヒーローになったりすると、そこに自分の居場所があると信じ、抜けられなくなるということがあります。また、そのような「心のすき」がなくても、なにげなくやったゲームが楽しくはまってしまうこともあります。特に成長過程にある子どもの場合は、その

可能性が高まります。

　強引にゲーム機やスマホを取り上げても、本人が納得していなければ、またすぐ元に戻ってしまいます。アルコールや薬物とは違い、ゲームの場合は全くゲームをやめさせるというより、上限時間を決めて守るようにする方法が一般的です。ただし、ゲームができないと暴力を振るうような場合は入院による治療が必要で、そこではゲームのない生活を送るようにします。

　ゲーム依存から抜け出すためには、本人が、他に大事なことや大切なことがあることに気づいたり、ゲーム以外に集中できることを本人が見つけるように周囲が支援することが大切です。

### 3. 摂食障害
①**摂食障害とは**

　摂食障害には、食事をほとんどとらない拒食症と、極端に大量に食べる過食症があります。10代、20代に多く、9割前後は女性です。拒食の典型的な例は、「痩せていることが美しい」ということに極端にこだわったり、「太っている」と言われて大きなショックを受けたことを契機に、拒食によって極端に体重を減らし、それでも拒食をやめません。また、その反動や何らかのストレスを解消するために、大量に食べ、その間は何も考えないが、食べた後は自己嫌悪に陥り、喉に指を入れて吐いたり、下剤を飲んで無理に排泄しようとするのが拒食症です。

　誰でも、ダイエットにチャレンジして一時的に食べる量を減らしたり、逆にいやなことを忘れるために「ヤケ食い」して大量に食べる可能性はありますが、それらは一過性であり、摂食障害とはいいません。

　拒食症は低栄養になるので、腎不全や低血糖など重い合併症を起こしやすくなり、また、拒食症、過食症とも、アルコール依存や抑うつ、

人格障害などの精神疾患を合併しやすくなります。

②対応の基本

　摂食障害の本人は、食べて太ることを恐れているので、治療を受けることに抵抗をもちますが、合併症の危険もあり、周囲が温かく見守りながら治療を継続できるように支援する必要があります。治療にあたっては、専門医やカウンセラーが配置されている病院で治療を受ける必要があり、極端に体重が減少している場合や生活環境が不適切な場合には入院治療が行われます。

　治療では、それまでの極端な考え方を修正し、例えば、「世の中にはダイエットより大切なことがあるんだ」ということに気づくための心理療法や、栄養に関する正しい知識を身につけるための栄養指導等が行われます。また、摂食障害には自尊心の低下や家族や友人との関係の悪化などが影響するとも言われています。その点から、治療は本人だけでなく家族も一緒に受け、医師から本人との接し方などのアドバイスを受けることも大切です。

### 4. 共依存

①共依存とは

　「夫は酒の飲み過ぎでアルコール依存症だけど、離婚したらもっとひどくなる。何としても私が面倒見なければ」というように、「依存症などの状態にある誰かと一体化してしまい、その面倒を見ることや世話をすることにのめり込んでいる状態」が共依存です。本来、当事者がやるべきことまで共依存関係にある者がしてしまうために、依存症から抜け出す機会を奪ってしまうことになります。

　人は誰でも誰かの面倒を見ることがあり、その対象が家族や恋人であれば、より多くの面倒を見ることになります。しかし、家族や恋人であっても、本人の責任ですべきこと、他の人がすべきではないこと、

があるわけですから、通常であればその線引きを考えながら面倒を見たり世話を焼いたりします。一方、共依存の場合、この線引きができなくなることが特徴です。性別では、女性に多く現れます。

②対応の基本

　共依存に自分で気づくことは難しく、依存症の人を診ている医師やカウンセラー等からの指摘によって認識することが多いと言われています。そのような指摘を受けた場合、まずは共依存ということ自体を正しく知り、そのうえで、「自分がしなければだめだ」という偏った考え方を修正するために、専門医と相談したりカウンセリングなどを受ける必要があります。他に関心が向かず、もっぱら共依存の対象となる人のことばかり考えているために抜け出せないわけですから、自分の行動を客観的に認識し評価できるようにするとともに、他に関心を向ける対象を見つけるようにしていく必要があります。

## 活用可能な相談支援機関

### 1. 相談機関

　問 **19** で紹介している各専門機関（94、95ページ）がこれらの依存症の支援にあたっても活用可能です。

### 2. 医療機関

　アルコール依存に比べれば少ないものの、徐々に各依存症の治療をする医療機関が増えています。精神保健福祉センターや保健所で情報提供を受けたり、インターネットに掲載されている公的機関や当事者団体などが提供している情報も参考になります。

### 3. 自助グループ

　これも、アルコール依存に比べれば少ないものの、依存症本人や家族の会などが徐々にできています。医療機関と同様の方法で情報入手するとよいでしょう。

## 🌱 民生委員に期待される役割

　依存症は、特定の物質の摂取や行為・過程を繰り返すことで症状が出るわけですから、何よりも予防が大切であり、そのための情報提供の役割が民生委員に期待されます。例えば、「子どもがゲームばかりしていて困る」「私（親）が忙しいので、子どもはゲームをしているとおとなしいのでいつも子どもにはゲームをさせている」という親の話を聞いたときには、ゲーム依存症と決めつけるということではなく、「そのままだと将来ゲーム依存症になるリスクがある」ということを伝える役割が期待されます。新聞にもそのような記事が時々載るので、例えば、「この前新聞にこんな話が載っていた」というような具体例が加わると、より理解してもらいやすくなります。

　また、依存症の人の家族から話を聞いたときに、「これは支援のしすぎ、手の出しすぎで、本人の治療や改善意欲の妨げになっている。共依存ではないか」と疑われる場合があります。といっても、民生委員は共依存かどうか判断できませんし、またその必要もありません。まずは、一生懸命頑張っている相手をほめ、またその苦労をねぎらった後に、「でも、もしかするとあなたの頑張りが本人の改善や意欲にプラスに働かないとしたら残念なことだから、保健師さんや専門のお医者さんなどに、この接し方でいいか、他の接し方が必要かといったことを一度相談してみたらどう」とアドバイスするとよいでしょう。

　いずれにしても、依存症には予防的対応、早期対応が必要です。民生委員には、依存症の特徴や原因などを知っておき、予防や早期対応のための情報提供や紹介などの役割が期待されます。さらに、依存症を改善するためには、今、依存しているものやことから関心を他に振り向けることが大切なわけですから、民生委員がその材料を見つけ出すお手伝いをできる場合もあります。

第 **4** 章

# 災害にかかわる障害者支援と民生委員の役割

- 24 災害対応における市町村の責任と民生委員の役割
- 25 支援が必要な障害者の把握と民生委員の役割
- 26 避難行動にかかわって生じる困難
- 27 避難所等で障害者が直面する困難と必要な支援
- 28 適切な避難支援計画づくりに必要なさまざまな状況の想定
- 29 障害者等の避難生活に役立つ福祉避難所とは
- 30 災害にかかわる障害者支援と民生委員としての取組み

# 24 災害対応における市町村の責任と民生委員の役割

近年、自然災害が多発していますが、災害対応の責任は基本的に市町村にあると思います。そのうえで、民生委員としては取組みにあたってどのような原則にたって支援にかかわればよいでしょうか。

災害対策には国や市町村が責任をもっていますが、それだけでは住民の安全を守り、被害を防ぐことはできません。民生委員は自分や家族の安全を守ることを前提にしたうえで、災害が発生したときに、より深刻な被害を受けたり危険にさらされる可能性が高い障害者や高齢者等を支援する役割が期待されます。

### 市町村（自治体）が災害対策の中心になる

かつて甚大な被害をもたらした伊勢湾台風を契機に1961（昭和36）年に制定された災害対策基本法は、災害対策に関する市町村の責任を次のように規定しています。

> （市町村の責務）
> 第5条　市町村は、基本理念にのっとり、基礎的な地方公共団体として、当該市町村の地域並びに当該市町村の住民の生命、身体及び財産を災害から保護するため、関係機関及び他の地方公共団体の協力を得て、当該市町村の地域に係る防災に関する計画を作成し、及び法令に基づきこれを実施する責務を有する。

> 2　市町村長は、前項の責務を遂行するため、消防機関、水防団その他の組織の整備並びに当該市町村の区域内の公共的団体その他の防災に関する組織及び自主防災組織の充実を図るほか、住民の自発的な防災活動の促進を図り、市町村の有する全ての機能を十分に発揮するように努めなければならない。

　この規定から、市町村が基礎的な地方公共団体として住民の生命、身体、財産等を保護する責務があることがわかります。同時に、ここでは次のような災害対策のあり方も示されています。

　第一に、市町村は「計画」を策定して責務を果たすということです。法で、市町村は「当該市町村の地域における防災に関する計画を作成し」、実施することで、責務を果たすことになっています。これを受け、同法第42条は、具体的な取組み内容を定める「市町村地域防災計画」の策定を市町村に義務づけています。

　第二に、市町村は連携して取り組むということです。法には「関係機関及び他の地方公共団体の協力を得て」とあり、また、第2項では、市町村が責務を遂行するために、区域内の防災に関する組織や自主防災組織などの充実を図ることが規定されています。これらは、防災は市町村が単独で取り組むのではなく、周辺の市町村や関係機関、地域内のさまざまな組織等とともに取り組むことを示しています。民生委員もそのなかの一翼を担うと考えられます。

## 🌿 民生委員としての取組みにあたって

### 1. できる範囲のことをする

　民生委員は警察や消防や自衛隊のように、専門的な訓練を受けたり装備をもっているわけではありません。民生委員の役割は人命救助ではなく、民間人としてできる範囲のことをすることが原則です。

かつて全国民生委員児童委員連合会では、「民生委員・児童委員発、災害時一人も見逃さない運動」を展開していましたが、2011（平成23）年3月の東日本大震災では56人の民生委員が亡くなりました。そのなかには、避難支援にあたっていて亡くなった方もいます。災害時一人も見逃さない運動とは、本来、「災害時に見逃されるような人を生み出さない地域社会をつくる運動」と考えるべきでしょう。そうであれば、いつまでも変わることのない民生委員活動の普遍的な理念に位置づけることができます。

## 2. 民生委員の役割は大きく2つの場面で考えられる

　以上を踏まえると、民生委員には、実際に災害が想定されたり現実に災害が起こった場合に期待される役割と、例えば、見守りやネットワーク活動のように、結果として、災害時にも役立つ日常的な地域づくり活動を災害も意識しながら積極的に展開する役割、の2つの役割があることがわかります。本章では、これらの内容について解説しています。

## 3. 支援には住民の理解と参加が不可欠

　前述のとおり、「災害時に見逃されるような人を生み出さない地域社会をつくる」ためには、地域住民の参加が不可欠です。民生委員が行う支援のうち、複雑な事情のある家庭の支援であれば、民生委員は周囲に気づかれないようにかかわることが基本ですが、災害時の支援には地域住民の協力が不可欠であり、民生委員が目立たないようにかかわっているだけでは、万が一のときに対応できません。災害時に、支援が必要な人のプライバシーに配慮しながら、地域住民等とのつながりづくりが災害時の障害者支援には欠かせません。

## 4. 関係機関と連携する

　地域には、市町村（自治体）をはじめ消防や警察等の公的機関、地

域住民による自主防災組織や町内会等の組織、社会福祉協議会や日本赤十字社（支部）等の支援団体、社会福祉施設、さらに障害者支援に関してみれば、各種障害者団体などがあります。民生委員が災害に関する活動を行う際には、これらのさまざまな機関と連携しながら取り組むことが大切です。

# 25 支援が必要な障害者の把握と民生委員の役割

市町村は、避難支援に関して障害者をどのように把握したり、情報整理を行っているのでしょうか。また民生委員とはどのような関係がありますか。

避難に支援が必要な障害者等の名簿作成が、法で市町村に義務づけられています。また、義務ではないものの、個々の障害者等の避難支援計画の策定が望まれるともされています。取組み状況は市町村ごとに異なりますが、避難支援等に必要な情報が的確に把握できるよう、民生委員からの積極的な提言が期待されます。

### 🌱 市町村は名簿を作成して避難行動要支援者を把握する

#### 1. 避難行動要支援者という言葉の意味

避難行動要支援者という用語は、2013（平成25）年6月に改正された災害対策基本法のなかで初めて登場しました。それまでは類似の用語として災害時要援護者がありましたが、この災害時要援護者という用語は、災害にかかわるさまざまな場面で援護が必要な人という幅広い概念の用語です。これに対し、避難行動要支援者は、避難の場面で支援が必要な人に対象を絞った用語です。実際の個別的な避難支援を想定して対象を明確にしたと考えられます。

## 2. 避難行動要支援者名簿の作成

次に紹介するように、災害対策基本法の規定によって、市町村には避難行動要支援者名簿の作成が義務づけられています。

> （避難行動要支援者名簿の作成）
> 第49条の10　市町村長は、当該市町村に居住する要配慮者のうち、災害が発生し、又は災害が発生するおそれがある場合に自ら避難することが困難な者であつて、その円滑かつ迅速な避難の確保を図るため特に支援を要するもの（以下「避難行動要支援者」という。）の把握に努めるとともに、地域防災計画の定めるところにより、避難行動要支援者について避難の支援、安否の確認その他の避難行動要支援者の生命又は身体を災害から保護するために必要な措置（以下「避難支援等」という。）を実施するための基礎とする名簿（以下この条及び次条第1項において「避難行動要支援者名簿」という。）を作成しておかなければならない。

この条文にある「要配慮者」は「高齢者、障害者、乳幼児その他の特に配慮を要する者」を指しています。そのうえで、避難行動要支援者名簿の掲載対象は、これらの人たちのなかで、特に支援を必要とする人として市町村が認めた人ということになります。

### 🌱 民生委員等への避難行動要支援者名簿の提供とその場合の条件

#### 1. 平常時は原則として本人が了解した人の名簿しか提供されない

災害対策基本法は、市町村長が、「消防機関、都道府県警察、民生委員、市町村社会福祉協議会、自主防災組織その他の避難支援等の実施に携わる関係者」に対して名簿情報を提供すると定めていますが、その場合、原則として名簿情報の提供に本人の同意が得られた場合に限るとされています。つまり、提供される名簿は避難行動要支援者全員の名

簿ではなく、提供に同意した人のみの名簿ということになります。ただし、例外的に次の2．3．のような場合には、同意の有無に関わりなく全員の名簿が提供されます。

## 2. 平常時でも全員の名簿が提供される場合

前述のとおり、災害対策基本法では、本人の同意が得られた場合のみに名簿を提供できるとしていますが、例外として「当該市町村の条例に特別の定めがある場合」は、本人の了解なしで名簿を関係者に提供できるとしています。実際にこの方式により、民生委員等に対して避難行動要支援者全員の名簿が提供されている自治体があります。

## 3. 災害発生時等には本人の了解に関係なく名簿が提供される

災害が発生したり具体的に予測される場合には、市町村長は本人の了解の有無に関わりなく避難行動要支援者名簿を民生委員などの関係者に提供できるとされています。

### 適切な避難支援には「実際に役立つ情報」が必要

避難支援を誰が行うかは別にして、適切な避難支援には、「実際に役立つ情報」が必要です。例えば、ある家で重度の障害者が暮らしているという情報だけでは災害時の適切な避難支援は困難です。その場合、次のような情報があればスムーズな避難支援に役立ちますし、とりあえず安全を確保することができるでしょう。

---

- 通常はどの部屋にいる
- 家族はどの時間帯だとどこにいる
- 介助するときに気をつけることやアレルギーなどの有無
- 避難するときに必須の携行品
- 日頃かかっている病院や利用しているサービス事業所
- 毎日飲んでいる薬（ある場合）

このように、避難支援に必要な情報はある程度想定できますが、実際にどのような情報を名簿に載せるかは各市町村の判断によります。そこで、実際に避難支援をすることを想定して、名簿の様式、記入する項目を点検し、必要があれば様式の変更や項目の追加を提案するとよいでしょう。

# 26 避難行動にかかわって生じる困難

避難行動の場面で、障害者はどのような困難や課題に直面するのでしょうか。支援を考えるうえでまずそのことを知っておきたいと思います。

障害があると、一連の避難行動、具体的には、①情報の入手、②情報の解釈や判断、③実際の避難行動、のそれぞれの段階で困難が生じる可能性があります。適切な避難行動支援をするためには、それぞれの障害の種別や程度に応じて、どの段階でどのような困難が生じる可能性があるかを知っておくことが大切です。そのうえで個々の状況に応じた支援が必要になります。

災害時の避難行動は、次のような段階を踏んで行われ、それぞれに必要とされる能力があります。

①災害に関する情報を入手する（情報収集力）
↓
②情報を解釈し自分の取るべき行動を判断する（情報判断力）
↓
③実際に避難行動をする（身体能力）

以上の3つの段階のそれぞれで、障害者にどのような困難が生じるかを知っておくと、より適切な避難支援につながります。以下、それぞれの段階で障害者に起こる困難と必要な支援を紹介します。

## 🌿 災害に関する情報を入手する際の困難

### 1. 情報入手における困難

　災害にかかわる情報は、一般にテレビやラジオ、行政の防災無線で広報されてきましたが、近年は、ホームページやメール配信なども活用されています。これらは、いずれも目や耳から入る情報ですので、視力や聴力に障害があると情報を入手できない場合があります。

　例えば、視覚障害のある人がテレビの音楽番組で音を聞いて楽しんでいるときに、字幕で災害の情報が流れてもわかりません。また、聴覚障害のある人には防災無線のスピーカーから流れる音声や、パトカーや市役所の車が巡回して避難を呼びかける声は聞こえません。

### 2. 情報入手を支援する

　これらの人の情報入手をカバーするためには、音と文字や映像の両方で情報を伝える仕組みが必要とされます。また、FAXによる情報伝達が有効な場合もあります。

　もう1つの大切な情報伝達の方法は、近隣の住民が直接その家を訪ねて情報を伝える方法です。そのためには、まずは近隣の協力者の確保が必要ですが、そのうえで、例えば、一人暮らしの聴覚障害者の場合、玄関の呼び鈴を押しても音が聞こえないので、家の中の赤いランプが点滅して来訪者が来たことが視覚でわかるようにするというような工夫も必要です。工夫の仕方はそれぞれですが、隣人が訪ねて具体的な情報を提供したり、「○○を注意して見ておいたほうが良い」といったことを教えたりすることが最も確実に役立つ方法です。

## 🌿 情報に基づき適切な判断をするうえでの困難と支援

### 1. 判断における困難

　子どもや認知症高齢者なども同様ですが、知的障害者や精神障害者のなかには、情報が入ってきても、「その情報が自分にどのような関

係があるのか（ないのか）」「その情報をもとに自分はどのような行動をするべきか」ということをすぐに判断できない人がいます。

　そもそも、現在、避難に関して市町村長が発出する「避難準備・高齢者等避難開始」「避難勧告」「避難指示（緊急）」の違いはわかりにくく、障害者に限らず、その情報によってどう行動すべきかを判断できない人は多くいます。このように、防災に関して流される情報自体が一般にわかりにくいなかで、知的障害者や精神障害者等がその情報に基づいて自ら適切な行動を取ることにはかなりの困難が伴うと考えられます。

## 2. 判断を支援し、必要に応じて緊急避難行動をする

　災害が発生した（しそうな）場合、まずは、障害者に対して現在の状況や避難の必要性等を説明し、自分で動ける場合はまず自分から行動するように働きかける必要があります。しかし、切迫した状況であれば、本人が理解できない場合でも、とりあえず強引に手を引いて避難することは緊急避難として認められます。

　そのような場合にパニックを起こさないためにも、日頃から災害時にはどんな危険があり、どのように行動しなければならないか、ということについて学ぶ機会を設けることが大切です。例えば、写真や絵やイラストを使って理解しやすくし、それらを見たらどのように避難するかということを繰り返し学習し、実際に避難の練習をすることも1つの方法です。

## 避難行動をするうえでの困難と支援

### 1. 避難行動における困難

　この困難は、主に身体に障害がある人に起こります。例えば、視覚障害者は、白杖を使っていつもは歩ける道でも、災害によって木やブロック塀が倒れていたり、石が転がっていたり、水がたまるなど、道

路の状況が一変すれば歩けなくなります。車いすの場合も、いつもなら通れる道も、瓦礫があったり道路が陥没していれば通れなくなります。片麻痺があり、いつもはバランスを取りながら何とか歩いている人も、災害で障害物があれば歩けなくなります。また、災害時には周囲の人の動きも平常時と変わります。

　このように、災害時には道路や街の様子が一変することから、身体に障害がある人にとって、一人での避難は大きな困難や危険が伴います。同時に、そのような日頃の景色が一変する状況では、知的障害者や精神障害者にとっても不安が増幅し、体が動かなくなってしまう場合もあります。

## 2. 避難行動を支援する

　視覚障害者の手をひく、車いすを押す等、必要とされる支援内容はある程度明確ですが、例えば、車いすが通れなくなっている道路や階段を使わざるを得ないような場合には、誰かが障害者を背負う必要が生じるかもしれません。あるいは数人で車いすを担ぐ必要が生じることもありえます。

　いずれにしても、環境が一変したなかで、支援者が自分の安全を確保しながら避難支援をすることになります。そのため、日頃から、道路にさまざまな障害物がある、夜間で停電している、雨が強く降っている等、悪い条件も想定して避難支援計画を立て、訓練をしておくことが大事です。また、倒れてきそうな枯れた木や自動販売機、すぐに飛ばされそうな看板など、避難行動の妨げになりそうなものを日頃からチェックして、危ないものはできるだけ撤去したり、確実に取り付けておくなど、日頃の備えも大切です。

## 27 避難所等で障害者が直面する困難と必要な支援

障害者は避難所までたどり着ければ安心だと思うのですが、そうではないのでしょうか。もし困難があるとしたら、どんなことでしょうか。民生委員として手伝えることはあるでしょうか。

避難所の多くはバリアフリーではありません。そこに、たくさんの人がつめかけます。そのため、障害者は避難しても身動きが取れなくなったり、トイレまで行けなかったり、行けたとしても使えなかったりする場合があります。また、情報入手等においても困難を来たしたり、障害によってはパニックになることもあります。

このように障害者は避難できても、すぐに困難に直面することが多いので、早期からの継続的な配慮や個別支援が必要です。そこでとりあえず必要とされる支援を民生委員が知っておくことは大切です。

もし、明らかに避難所での生活が無理だと思われる障害者の場合には、福祉施設の短期利用や福祉避難所（問 **29** 参照）の利用も検討する必要があります。ただし、それらがすぐに利用できる保障はないので、とりあえず身近な避難所で実施可能な配慮や支援について知っておくことが大切です。

**答え**

### 避難所の指定と避難所の環境

　市町村長は災害対策基本法に基づき、災害に対応するために一定期間滞在する場所として避難所を指定します。多くは公立の学校や公民館等の公共の施設ですが、例えば、学校の体育館を思い浮かべてください。体育館は人が暮らす場所ではないので、畳ではなく木の床です。入り口に数段の階段があり、トイレはバリアフリーではありません。これが一般的な体育館の環境でしょう。

　そこに多数の人がつめかけるわけですから、そもそも障害の有無にかかわらずさまざまな問題や摩擦が起こります。それに加え、障害者の場合は自由な行動が制約され、情報の入手にも困難を伴っています。そのため、避難所にたどり着けても、十分な個別的配慮を受けられなければ、多くの困難を抱えたまま避難生活を続けることになり、障害が悪化したり、最悪の場合、命の危険にさらされることもあります。

### 避難所で障害者が直面する困難と必要な支援

　障害者は一人ひとり必要とする支援が異なります。支援にあたっては本人や家族やその人を知っている支援者などに聴くことが原則です。ここでは、肢体不自由者、視覚障害者、聴覚障害者、知的障害者が避難所で一般的に直面すると思われる困難（一部）と、その際に必要とされる配慮や支援を紹介しますが、もちろん避難所には、内部障害者、精神障害者などさまざまな人が避難してきます。

　例えば、内部障害者だと外見的にわからないために配慮が受けられなかったり、精神障害者の場合、障害に伴う行動が周囲の厳しい視線にさらされ、家族で避難所を出て自宅に戻らざるを得なかったという例が多数あります。そのような場合、民生委員としては本人や家族の

話をよく聴くとともに、他の避難者の話もよく聴いて、できるだけ周囲の人の理解や協力を得られるように支援する役割が期待されます。

## 1. 肢体不自由者

①困難や困ること（例）

・トイレが使いにくいです（使えません）。
・トイレに行き着くまでが大変です。
・配布される食料や水などを取りに行くことが困難です。
・段差があると電動車いすを持ち上げることは大変です。
・嚥下困難がある場合、通常の食事が出されても食べられません。
・言語障害があると意思を言葉で伝えることが困難です。

②配慮や支援（例）

　食料などは代わりにもらってくることもできますが、トイレなどは本人が動く必要があるので、通路の確保が必要です。また、段差では周囲の人の手伝いが不可欠です。避難所のトイレは少し手を加えれば使えるのであればそのようにしますが、そもそも無理な場合もあります。そのため、トイレのときだけ少し離れた場所にある市役所の障害者用のトイレまで行った、という例もあります。

## 2. 視覚障害者

①困難や困ること（例）

・初めての場所では一人では移動できません（トイレなど）。
・誰がいるかわからないので自分から支援を求めにくくなります。
・掲示板などの視覚的な情報はわかりません。

②配慮や支援（例）

　自分の名前や民生委員であることを名乗り、何か困っていることはないかを聞くことが基本です。その際、周囲の状況が今どうなっているかを伝えることが安心につながります。掲示物（視覚による

情報）はわからないので、必ず読み上げて伝える必要があります。また、トイレの場所は説明しても行けないので、誘導をする必要があります。

### 3. 聴覚障害者
①困難や困ること（例）
- 文字情報が頼りですが、停電で暗いと文字が見えなかったり、コミュニケーション手段である手話や筆談もわかりにくくなります。
- テレビやラジオの音声や館内放送等は聞こえません。
- 補聴器を利用している高齢者は多く、聴覚障害者と同様の困難に直面することがあります。

②配慮や支援（例）
　テレビは字幕放送モードにしておきます。館内放送など、音声で伝えられた情報は必ず掲示をしたり、メモにして渡します。緊急の放送などは、とりあえず周囲の人が身ぶり手ぶりなどで伝えることが大切です。

### 4. 知的障害者
①困難や困ること（例）
- 周囲に常時多くの人がいることで大きなストレスになります。
- いつもの慣れた環境と違うことや、定型化している行動と違う行動を強いられることなどが大きなストレスになります。
- ストレスから、動き（走り）回ったり、大きな声を出したりすることがあります。
- 興味をもった物を触ったり、いじったりすることがあります。
- 大声で注意されたり、たて続けにいろいろ言われると、パニックになることがあります。

②配慮や支援（例）

　説明や注意をするときは大声を出さずゆっくりと話すなど、なるべく落ち着いた状況を作り出すことが大切です。また、できるだけ静かに過ごせる区切られたスペースを用意できるとある程度落ち着いて過ごすことができます。

# 28 適切な避難支援計画づくりに必要なさまざまな状況の想定

障害者の個別避難支援計画を作る場合、どのようなことに注意する必要がありますか。

どんな種類の災害が、どの程度の規模で、いつ、どのような状況で起こるかは誰にも予測できません。そのため、避難支援体制を検討する場合には、その人の障害や置かれている状況を正確に把握したうえで、さまざまな状況での災害の発生を想定して計画を立てる必要があります。ここではそのような視点から個別避難支援計画の策定について取り上げますが、そのことは、「民生委員には個別避難支援の義務がある」とか「支援体制整備の責任がある」ということではありません。それらの責任は市町村がもっています。民生委員は、以下の記述も参考にして、実際に役立つ個別避難支援計画の策定にかかわることが期待されるということです。

### 個別避難支援計画は本人の状況と災害の想定によって具体化する

### 1. 本人の状況を正確に把握する

　個別避難計画を策定するためには、その人の障害を正確に知ることが大切です。それによって必要な支援が変わってきますが、これらについては、問26と問27で時期を2つに区切って概説しました。また、同居家族の人数や年齢構成、居住環境（何階に住んでいるか、海や川

や崖からの距離、周囲の道路の状況、避難所までの距離と経路等）によっても、避難支援の方法は変わります。

　これらの条件、つまりその人の障害の内容や程度、置かれている環境等は客観的事実ですから、想定をするというよりも、必要な情報を正確に把握することが大切です。

## 2. 災害の想定によって個別避難支援計画の内容は多様になる

　実際に役立つ避難支援計画を策定するためには、本人の状況以外にもう一つ大事なことがあります。それは、災害の発生をどのように想定するかということです。なぜなら、災害の種類や強さ、発生する時間帯や季節等、発生する災害の想定によって避難支援体制づくりや避難支援方法が大きく変わるからです。

　そこで、以下では役立つ個別避難支援計画を策定するために必要とされる災害の発生にかかわって想定すべき条件を4点紹介します。ここでは、いずれの項目でも、想定が変わると何が変わるのか、その一例を紹介しますが、実際には想定が変わることでもっと多くの条件が変化します。

　本人の状況とともに、以下で紹介する条件を総合的に勘案することが、有効な個別避難支援計画の策定につながります。

①災害の種類

　どのような種類の災害を想定するかで、避難場所や避難ルート、避難方法等が変わります。例えば、地震によって大津波警報が出れば海側は通らず、ひたすら海から離れた高台や避難場所に向かうことになります。また、地震や津波の場合は時間的余裕がなく、すぐ避難行動しなければなりませんが、台風や大雨や大雪等であれば、ある程度避難を開始するまでの時間的な猶予、準備時間があるので、その間に、より手厚い避難支援体制を構築することが可能です。

②災害の強さ

　例えば、強い地震によって近所のブロック塀が倒壊していれば通常の避難路は使えません。また、一気に大雨が降りすでに避難路（道路）と川の境目がわかりにくくなっている場合も同様です。

　そのような状況で避難しなければならない場合もあるわけですから、災害の強さ（被災の程度）に応じて平常時とは状況が一変することも想定して、第二、第三の避難路を考えるなどの対策が必要です。

③災害が起こる季節

　災害が夏場に起こるか冬場に起こるかで、避難にかかわるさまざまな条件が変わります。特に大事な点は昼間の長さです。夕方6時に停電しているなかで避難する場合、夏であれば明るいので懐中電灯がなくても避難できますが、冬場であれば灯りがなければ避難は難しくなります。もちろん夏場でも深夜は暗いわけですから、避難想定は明るい場合と暗い場合の両方が必要になります。

　避難の際の携行品も、冬であれば防寒用品が必須ですが、夏は防寒ではなく水分補給が必須になります。また、冬場は多くの家で暖房器具を使っているので、避難時には必ず電源を切る必要があります。さらに、地域差はありますが、冬場は雪が降ったり道路の凍結の可能性があるので、避難するときには履き物にも気をつける必要があります。

④災害が起こる曜日や時間等

　家族と同居している障害者の場合、夜は家族がいるので外部からの支援はとりあえず不要かもしれませんが、平日の昼間で家族が全員仕事で外に出ていれば近隣からの支援が必要となります。また、独居の障害者が昼間は仕事や通所施設などに通っていれば、避難支援は不要ですが、夜間は支援が必要になります。

　一方、近隣の避難支援者（候補）に着目すると、平日は仕事で不在

だが夜や休日なら支援が可能という人がいる一方で、平日の昼間なら近くにある会社の社員に支援を期待できるが、休日はそれができない、というようなこともあります。

# 29 障害者等の避難生活に役立つ福祉避難所とは

障害者がとりあえず必要な支援を受けながら居られる場所として福祉避難所があるそうですが、一般の避難所とどう違うのでしょうか？　民生委員として、何か手伝えることがあるでしょうか？

福祉避難所は、一般の避難所では対応が困難な障害者や要介護高齢者等を一定期間滞在させて介護等の個別支援を行う場所です。設置運営の責任は市町村にあります。希望者は誰でも自由に使えるわけではなく、市町村が利用者を決定します。そのため、通常の避難所のなかで困っている障害者や、避難所では生活できないために自宅に戻った障害者等の情報があれば、民生委員からそのことを市町村の担当者に伝えるとよいでしょう。

### 市町村が指定する「災害時に避難する場所」は3種類ある

市町村が指定する避難する場所には次の3種類があります。これは基本的に必要な知識ですので、まずその説明をします。

#### 1. 指定緊急避難場所

津波警報や洪水警報が出ていて危険が切迫しているときに、命を守るためにとりあえず逃げる施設や場所です。次に記述する指定避難所と同じ場所が指定されることもありますが、目的はとりあえず命を守ることなので、一定期間の滞在を前提にせず、高台にある公園やグラ

ウンド、スーパー屋上の駐車場等、実際の災害を想定してとりあえず安全を確保できる場所を指定します。市町村が、洪水、津波、地震、噴火等、災害の種類ごとに指定をします。

## 2. 指定避難所

避難した住民等が災害の危険がなくなるまで一定期間滞在したり、家が被災して自宅に戻れない住民等が滞在する施設です。市町村長があらかじめ公共施設等を指定しておき、災害が迫っている場合に市町村長の判断で開設します。多くは近隣の学校や公共施設が指定されています。一般に避難所という場合は、この指定避難所を指しています。

## 3. 福祉避難所

福祉避難所は、指定避難所で避難生活を送ることが困難な障害者や要介護高齢者、難病患者等を滞在させ、支援をする場所です。詳細は以下で説明します。

### 🌿 福祉避難所の指定と開設

福祉避難所は、社会福祉施設、障害者福祉センター、老人福祉センター、特別支援学校など、障害者等が避難生活を送るためにバリアフリー等の一定の環境が整っている施設を市町村長が指定します。平常時に市町村と当該施設の間で協定を結んでおき、災害発生後、市町村長が必要だと判断した場合に福祉避難所が開設されます。

### 🌿 福祉避難所の利用者と利用方法

#### 1. 利用できる人の条件

障害者や高齢者、難病患者等で、指定避難所での生活において特別な配慮が必要な人が利用対象者になります。また、その人の家族も一緒に利用することができます。

#### 2. 利用方法

福祉避難所は指定避難所と同時に必ず開設されるわけではありませ

ん。災害の規模や復旧の見通し、避難所の状況等を勘案して市町村長が開設を判断します。開設された場合も、利用を希望することはできるものの、希望すれば誰でも利用できるわけではありません。指定避難所に避難している障害者等のなかで、福祉避難所への避難が必要だと判断された場合に利用できます。避難所から福祉避難所への移送は家族等ができれば家族が、無理な場合は市町村の職員等が行います。

### 🌱 福祉避難所の運営

福祉避難所の指定対象は、通常から障害者等が生活している社会福祉施設と、老人福祉センターのようにもともとは生活の場ではないがバリアフリー等で使いやすい場所（施設）、の2つが考えられます。

前者の社会福祉施設の場合、福祉避難所の運営は、原則としてその施設を運営している社会福祉法人等が責任をもちます。そのため、福祉避難所を運営する場合、もともといる施設職員に加え、退職した職員や被災していない他の施設の職員等の応援を受けて運営をします。

一方、後者の老人福祉センターのような場合、もともとの職員数は限られているので、市町村職員である保健師や看護師が運営に入ったり、他の市町村の職員や専門職団体の支援を受けて運営します。

なお、福祉避難所に指定された施設がハード面で使いにくい場合、市町村と指定を受けた施設が協働して整備、改善をします。

公立ではない施設が福祉避難所を開設し、人を確保したりバリアフリー化をしたり、必要な備品等を整備した場合、市町村から費用が補填されます。

## 🌱 福祉避難所の利用と民生委員に期待される役割

福祉避難所にかかわって民生委員には主に次の4つの役割が期待されます。

### 1. 周知広報への協力

災害時に福祉避難所が障害者等に有効活用されるためには、平常時から障害者やその家族等に存在を知っておいてもらう必要があります。そのため、民生委員には、日頃から障害者等に対して福祉避難所の存在や利用について伝える役割が期待されます。

### 2. 避難所で市町村職員が行う利用者選定への協力

福祉避難所の利用者は、指定避難所に避難している障害者等か、それが困難なために自宅にいる障害者等のなかで市町村が決めますが、災害の混乱のなかで、市町村の職員が必ずしも必要性が高い順に利用者を把握できるとは限りません。民生委員からの「この避難所にいる障害のある○○さんは、△△でとても困っている」というような情報は福祉避難所の利用者を決める際に役立ちます。

### 3. 指定避難所から福祉避難所への移送に対する協力

指定避難所から福祉避難所への移動、または自宅から福祉避難所への移動は原則として本人や家族が行うことになっています。その際、無理のない範囲で民生委員の協力が期待されます。

### 4. 福祉避難所運営への協力

福祉避難所は障害者や高齢者等が利用するので、主に介護や看護等の専門職が支援をしますが、例えば、掃除、洗濯、買い出し等、専門職でなくてもできる役割があります。災害時、民生委員はいろいろなことを頼まれるので、1つの福祉避難所にとどまっての継続的な手伝いは難しいかもしれませんが、事情が許せば、短時間でもこれらの手伝いをすることも、福祉避難所にとっては大きな支援になります。

# 30 災害にかかわる障害者支援と民生委員としての取組み

災害にかかわる障害者支援のために、民生委員としてはどのような取組みをすればいいのでしょうか？

民生委員としての取組み内容は、時間の経過を追って整理するとよいでしょう。時期の区分は、大きく、平常時、災害が予想され避難支援をするとき、避難しているとき、復旧・復興の時期、の4つに区分できますが、なかでも、平常時にどのような取組みをしているかが、災害時の行動やその後の活動を左右します。いわば、日頃の活動の延長線上に災害時の活動があるということです。なお、災害時には民生委員も被災する可能性があるわけですから、あくまでも無理のない範囲で活動することが原則です。

### 平常時から自分自身の災害への備えをしておく

民生委員としての支援を考える前に、まず災害時には民生委員自身が自分や家族の安全、生活を守ることが大切です。そのためには、例えば、次のような準備をしておく必要があります。

①非常時の持ち出し品の準備や非常用飲食物の備蓄
②懐中電灯やランタン、カセットコンロ等、灯りや熱源の準備
③家具の転倒防止や高い所に物を置かない等の安全な環境の確保
④ハザードマップ（洪水、土砂災害、津波、噴火等）の活用や、資料

などから地域のリスクの把握
⑤避難所の場所や避難経路（複数）の確認
⑥外出時などの相互の連絡方法の家族内での確認
⑦地域で行われる避難訓練等への参加

## 🍀 平常時に防災のことを意識して取り組む活動

　日頃の民生委員活動では、以下の4つの取組みが考えられます。

### 1. 発災時に見逃される人を生み出さない地域社会づくり

①民生委員として多くの障害者と知り合う

　自治体から避難行動要支援者名簿が提供され、その活用によって地域の障害者と知り合うこともあるでしょうが、名簿提供の有無にかかわらず、日頃からイベントに参加したり戸別訪問をして地域の障害者と知り合っておくことが大切です。障害者の仲間を通じて他の障害者に関する情報提供を受けられる場合もあります。

②地域のみんながお互いに知り合うための活動をする

　これは障害者に限らず誰にとっても意味のある活動ですが、災害時に自力避難が難しい人が支援を受けるためには、地域のなかにできるだけ多くの知り合いを作っておくことが大切です。知っていなければ気にかけようがありませんが、知っている人であれば当然その人の所在や安否が気になるはずです。

　災害時に忘れられないためには、まずは知ってもらう、覚えてもらうことが必要です。ある障害者は、町内会の会合や行事には家族とともに必ず顔を出し、防災訓練に参加し、天気が良ければ近所を車いすで散歩するという毎日を送っています。いわば「人間関係という保険」で災害時に備えています。民生委員には、このような障害者と地域住民が知り合う場を積極的に作る役割が期待されます。

## 2. 障害者に対する支援やコミュニケーションの方法を知っておく

　例えば、避難所まで、あるいは避難所のなかで視覚障害者を誘導する場合、どのような位置関係に立ち、どういう声のかけ方をすれば、安全に誘導できるかご存じでしょうか？　日頃から視覚障害者と接していればわかるでしょうが、いざ、災害が起きてからでは間に合いません。前述のとおり、まずは地域のなかで障害者と知り合うことが障害者支援の第一歩ですが、同時に、基本的な介助方法や円滑なコミュニケーション技術等を学んでおくといざというときに役立ちます。

## 3. 障害者自身が行う防災力を高める取組みを支援する

### ①障害者にも必要な自助

　防災には、自助、互助、共助、公助という考え方があります。このなかで勘違いされやすいのが、自助の意味です。自助とは「誰からも支援を受けずに災害に備え、自力で避難すること」ではありません。「災害に備えて自分でできる範囲のことは自分でする（しておく）こと」が自助の意味です。そのうえで自分でできないことは周囲に頼ればよいのです。つまり、障害者であっても自分でできる自助があるということです。

### ②自助の取組みと民生委員の支援

　障害者が自助として取り組むことは、本問の答えの最初に記述した「平常時から自分自身の災害への備えをしておく」で紹介した内容と同じです。もちろん、持ち出し品や備蓄品は障害に応じてよりきめ細かく配慮したものが必要ですし、避難路も健常者とは異なるかもしれませんが、備えの基本的な枠組みは変わりません。

　民生委員には、例えば、障害者が災害への備えをする際に情報提供をしたり、障害者自身で家具の固定が難しければ周囲の協力を得ながら手伝う等、自助を支援する役割が期待されます。

また、地域の避難訓練に参加し、地域の人たちと知り合いになることも障害者が日頃からできる自助の一つです。積極的にそのような機会を作ったり、声かけをする役割が民生委員には期待されます。

### 4. 民児協として災害時を想定した準備をしておく
①自分の判断で民生委員が活動する場合に備える
　災害発生直後の混乱期は、連絡や指示などが伝わりにくくなり、民生委員は自分の判断で動く必要が生じます。そのため、平常時から、「そのような場合に民生委員はどのように動くか」ということを民児協のなかで話し合っておくことが大切です。

②民生委員相互の助けあいを考えておく
　局地的に被害が生じるような災害では、一つの民児協のなかでも被災した民生委員と被災していない民生委員に分かれる可能性があります。また、災害発生時に民生委員が遠方にいて活動できない場合もあります。いろいろな場合を想定し、民児協のなかであらかじめ相互にカバーしあう仕組みを考えておくことも大切です。

## 災害が予想されるときは無理のない範囲で避難を支援する

　問**25**で解説したように、避難行動要支援者の名簿の民生委員への提供方法は市町村によって異なります。平常時から提供されている場合、災害が予想されるときに初めて提供される場合、地震等の災害の発生後に提供される場合があります。

　実際に避難支援が必要な人は名簿掲載者だけではありませんので、民生委員は、名簿も活用しながら、自分の安全を確保しつつ、可能な範囲で次のような避難支援をすることが期待されます。

### 1. 障害者等に情報を知らせる
　問**26**で解説したように、障害者は情報入手や避難行動に移る段階でさまざまな困難があります。それぞれの特性を踏まえながら、そし

てできるだけ近隣住民の協力も得ながら、安全な避難行動につながるような情報提供の役割が期待されます。

## 2. 避難行動を手伝ったり、誘導する

繰り返しになりますが、民生委員に期待される役割は自分の安全を確保したうえで、できる範囲で避難を支援することです。例えば、明日大型台風の襲来が予想されるので今日のうちに避難しておく、今はまだ小雨だが今後大雨が予想されるので早めに避難する等の場合で、自力や家族だけでの避難が困難な場合、民生委員も含めた近隣住民の協力が期待されます。

なお、避難所は市町村（自治体）が開設しますが、例えば、用心してもっと早い時期に親類や知人の家に身を寄せることも考えられ、その際の支援が必要となる場合もあります。

## 避難しているときはできるだけ障害者等に寄り添う

### 1. 避難所以外の場所にいる人に対する支援を意識する

問27で述べたように、避難所に障害者がいる場合は、十分な配慮が必要ですが、災害が発生した場合、すべての障害者が避難所に避難するとは限りません。もともと避難しない人、避難したものの避難所で生活できず自宅に帰った人、自家用車や物置などで過ごす人、停電でエレベーターが動かずマンションの高層階の自室にとどまるしかない人など、さまざまな人がいます。

避難所以外のこれらの場所にいる人に共通して起こる問題は、「支援が届かない」ということです。避難所にいれば、不十分ではあっても食料が配られ、情報が提供され、緊急時には誰かに気づいてもらえますが、避難所以外ではそれらがほとんど遮断されます。そのため、民生委員には、避難所以外の場所に障害者や高齢者等がいる可能性を考えた所在確認や物資調達の支援などの役割が期待されます。

## 2. 関係機関と十分連携しながら支援活動をする

　災害発生直後は、とりあえず自分の判断で安否確認や避難所の手伝い等の活動をすることになります。そして、一定の時間が経てば、今度は自治体や民児協会長等から来る依頼や指示に基づいて活動することになります。いずれの場合でも、できる限りいろいろな機関と連携して活動することが大切です。

## 3. 障害者等の要望の橋渡しや気づいたことを提案する

　災害時は情報が混乱したり行政の目が行き届かず、支援の網の目から抜けてしまう人が少なからずいます。また、障害者などは要望などを言い出しにくい状況に置かれます。そのようななか、民生委員としては、行政の目や必要な支援が届くように、気づいたことを提案したり、障害者等、困難な状況に置かれている可能性のある住民から情報を収集して関係機関に伝える役割が期待されます。

### 災害からの復旧・復興時

　災害の種類や被害の程度によって復旧・復興までに要する時間や取組み内容が違うので、民生委員の役割もそれにあわせて多様な内容が想定されます。ある程度状況は落ち着いてきているわけですから、関係機関と連携、調整をしながら活動内容を検討し、整理することができます。その際には、障害者をはじめとした特に支援が必要な住民の声や実態がきちんと行政機関などに届くように関係会議で代弁をしたり、それらの人が意見を言う場を設ける等の役割が民生委員に期待されます。

# 著者紹介

**小林　雅彦**（こばやし・まさひこ）
国際医療福祉大学医療福祉学部教授

1957年、千葉県生まれ。
日本社会事業大学大学院社会福祉学研究科修士課程修了。
川崎市社会福祉協議会、全国社会福祉協議会、厚生労働省地域福祉専門官等を経て現職。

〈主著〉
『民生委員のための相談面接ハンドブック』（単著、中央法規出版、2017年）
『民生委員・児童委員のための子ども・子育て支援実践ハンドブック』（単著、中央法規出版、2014年）
『民生委員のための地域福祉活動実践ハンドブック』（単著、中央法規出版、2011年）
『改訂 民生委員のための地域福祉活動Q&A』（共著、中央法規出版、2011年）
『地域福祉論―基本と事例（第2版）』（編著、学文社、2010年）
『地域福祉論―理論と方法』（共編著、第一法規出版、2009年）
『住民参加型の福祉活動―きらめく実践例』（共編著、ぎょうせい、2002年）
『地域福祉の法務と行政』（編著、行政、2002年）

## 民生委員のための障害者支援ハンドブック

2019年4月10日 初 版 発 行
2022年2月20日 初版3刷発行

著　者 ………… 小林雅彦

発行者 ………… 荘村明彦

発行所 ………… 中央法規出版株式会社
　　　　　　　　〒110-0016　東京都台東区台東 3-29-1 中央法規ビル
　　　　　　　　TEL　03-6387-3196
　　　　　　　　https://www.chuohoki.co.jp/

印刷・製本 …… 株式会社ルナテック

ブックデザイン… 株式会社ジャパンマテリアル

本文イラスト …… 小林理代

ISBN978-4-8058-5819-6

定価はカバーに表示してあります。
本書のコピー、スキャン、デジタル化等の無断複製は、著作権法上での例外を除き禁じられています。また、本書を代行業者等の第三者に依頼してコピー、スキャン、デジタル化することは、たとえ個人や家庭内での利用であっても著作権法違反です。
落丁本・乱丁本はお取り替えいたします。
本書の内容に関するご質問については、下記URLから「お問い合わせフォーム」にご入力いただきますようお願いいたします。
https://www.chuohoki.co.jp/contact/